PLAY ON THE ERFU

二胡で奏でる 沖縄ちゅら唄

OKINAWA SONGS

アレンジ・演奏●武 楽群 Wu Lequn

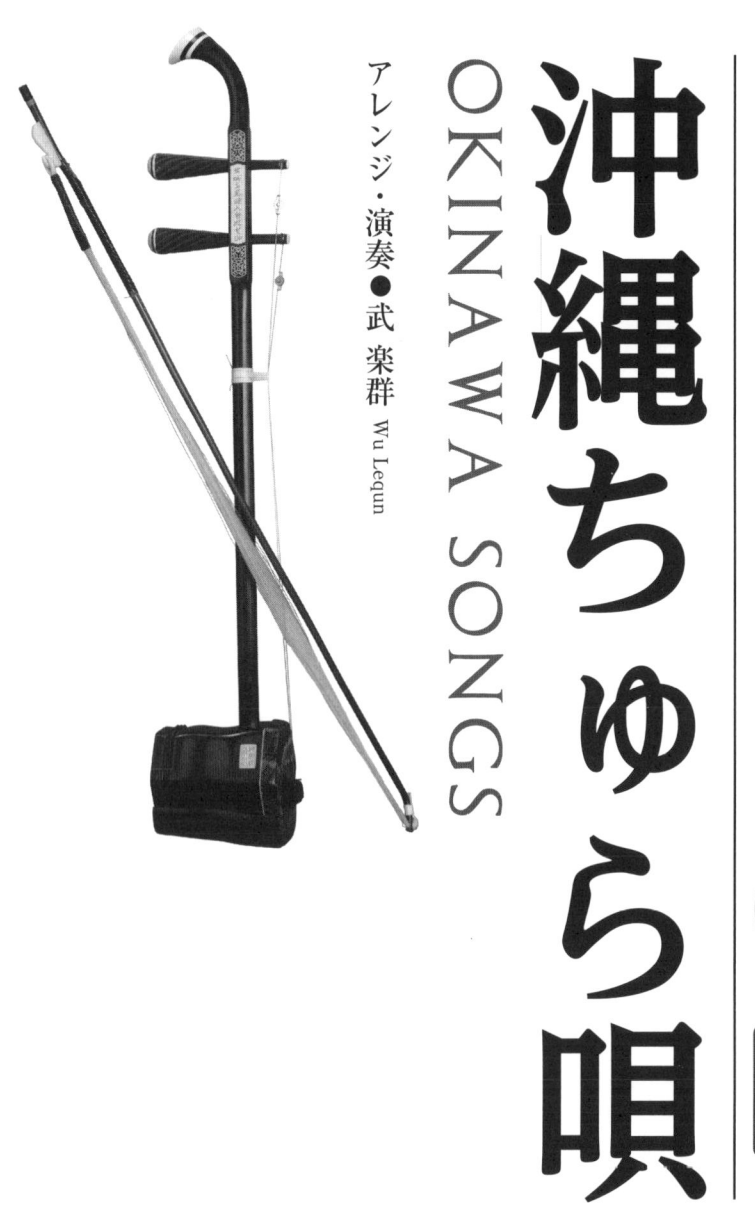

模範演奏＆カラオケ CD **10** 曲付

▶ YouTube 模範演奏 動画対応

JN213992

はじめに

　中国から海を渡り、昭和、平成の時代を経て、令和七年の今年は来日して37年、我が人生の半分を日本で過ごしました。来日当初、日本で二胡に関することを知っている方はほんのわずかでしたが、いくつかのブームに乗って今日に至り、今では二胡を知らない方の方が珍しいほどに普及しました。それは、多くのプロの演奏家や先生たちの努力と、大勢の日本人二胡愛好家が、長年に渡り怠らず、二胡の種を蒔き、熱心に耕してきたからです。

　沖縄音楽は琉球王朝時代、王族など限られた人たちのために首里城の中で奏でられていた「琉球古典音楽」いわゆる"琉楽＝りゅうがく"とも呼ばれている音楽の他に、もう一つ一般庶民たちが楽しんだ「沖縄民謡」、人々の日常生活に溶け込んでいった大衆音楽もあります。

　この度「二胡で奏でる沖縄ちゅら唄」を出版する運びとなり、改めて多くの素晴らしいメロディーに感動を覚えました。付録には模範演奏10曲、伴奏に使えるカラオケも収録されていますので、二胡の練習の参考、ミニ・ライブなどにもご活用して頂ければと思います。

　私は沖縄を数度訪れたことがあります。果てしない青空、一望千里の海原、親切な人々の笑顔、情熱溢れるもてなしなどを思い出すと、また行きたい気持ちが湧いてきます。

　二胡は沖縄でもかなり盛んで、これは、数十年に渡り二胡の普及に力を注いできた、平得永治先生をはじめ、地元のたくさんの二胡関係者の皆様のお陰です。

　曲の選択は出版社から良いアドバイスをいただき、模範演奏伴奏のアレンジ、レコーディングなど、いつもお世話になっている村上祐季子さん、猪早巧さん、河野利昭さんから多大なご尽力をいただきましたことに感謝を申し上げます。

　音楽は国境、民族、宗教を超える芸術で、時はどんなに流れても、美しい歌、綺麗なメロディーは時代と世代を越え、いつまでも、どんな時代になっても、人々と共有し、人類共有の宝であることに間違いありません。

　二胡愛好家にとって楽しみが増えることとなれば何より嬉しく思います。皆様への感謝の気持ちを持ちながら、今後も引き続きよりよいものにしていきたいと思っております。

　謝謝！

 **付属CDにつきまして**

付属のCDには左記マークが付いた10曲のみ、武楽群による模範演奏と、ピアノ伴奏カラオケが収録されています。

付属CD取扱上の注意

● このディスクはコンパクトディスク・プレイヤー専用です。
● ディスクを直射日光のあたる所、高温、多湿な場所に保管しないで下さい。
● ディスク面に付着した汚れ、ほこりは柔らかい布で拭き取って下さい。

● ディスク面に傷が付いた場合、再生出来なくなることがありますので、CDケースに入れて保管して下さい。

このディスクを権利者の許諾なく賃貸業に使用することは禁止されています。
また無断でテープその他に録音することは法律で禁じられています。

QRコードにつきまして

タイトル部分にあるQRコード（10曲のみ）を読み込むと、Youtubeの模範演奏動画が試聴できますので、練習の参考にしてください。

▶YouTube
演奏演奏
動画試聴

QRコードはYouTubeのリンク・ページへ移行します。動画試聴時の通信料にご注意ください。
Wi-Fi通信環境でのご使用をお勧め致します。YouTubeアカウント削除がない限りご利用可能です。

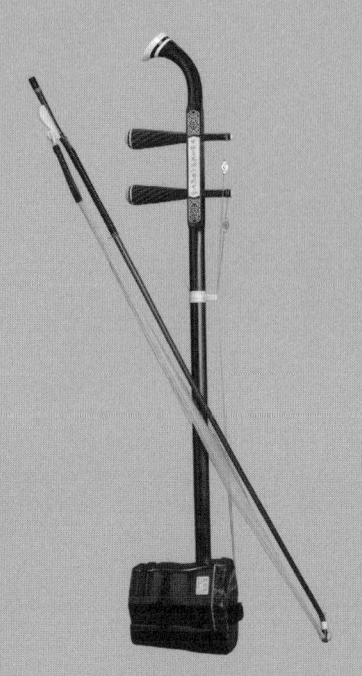

PLAY ON THE ERFU
二胡で奏でる
沖縄ちゅら唄
OKINAWA SONGS
30曲

安里屋ユンタ

沖縄民謡・作曲

朝花

比嘉栄昇・作曲

© 2007 by Rock On Publishers.

イラヨイ月夜浜

比嘉栄昇・作曲

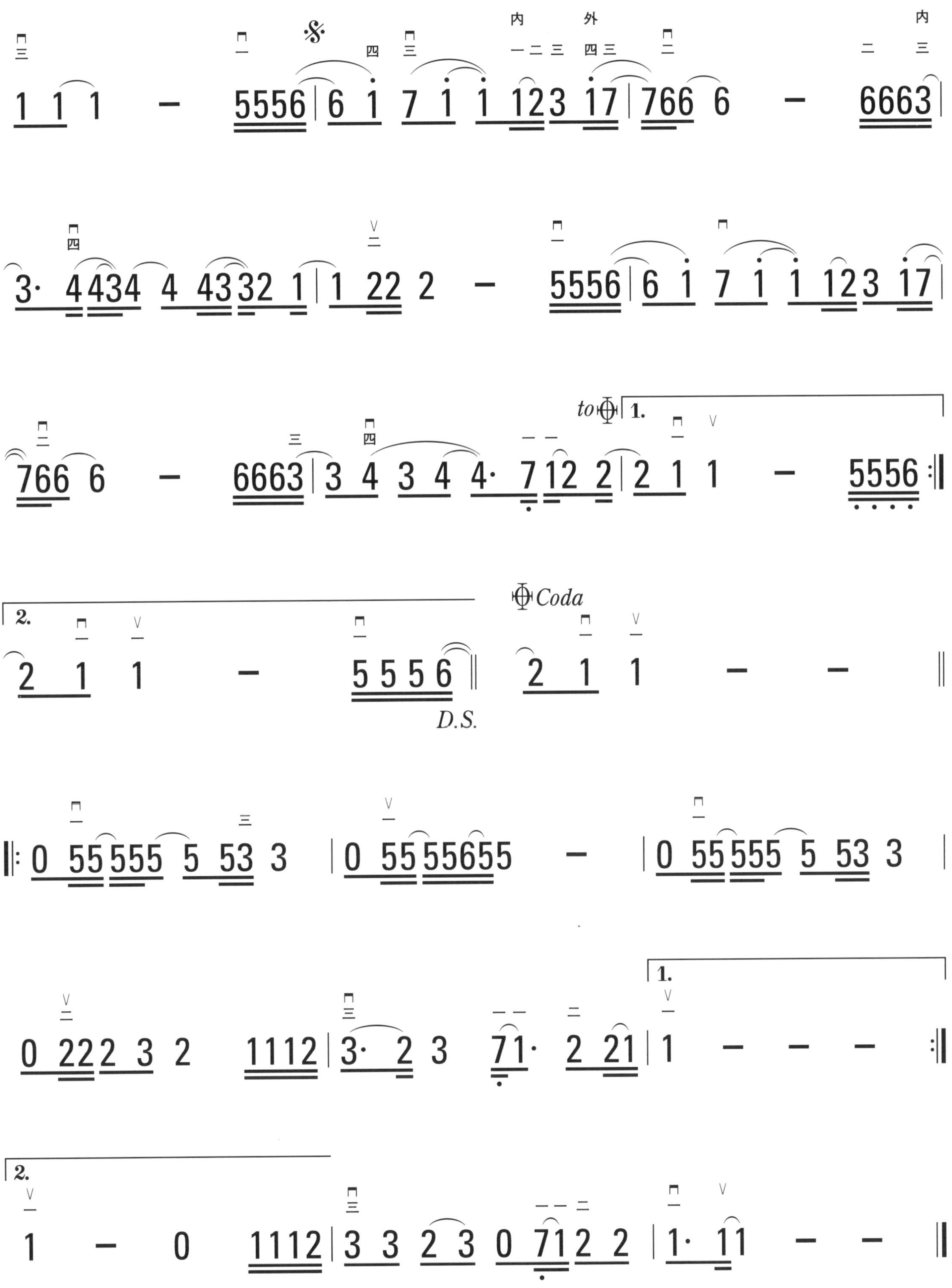

to
1.
Coda
2.
D.S.
1.
2.

海の声

島袋 優・作曲

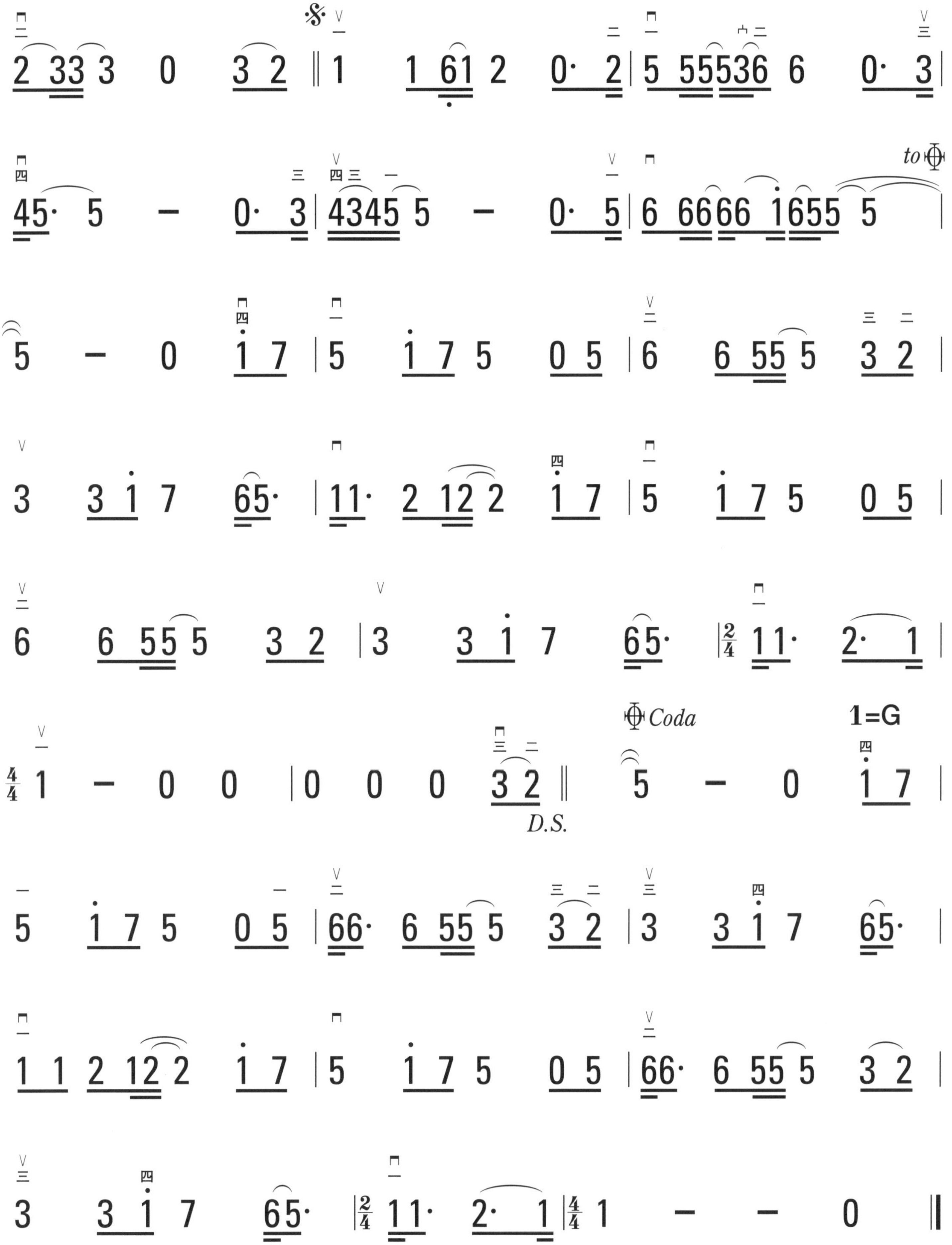
to
Coda
1=G
D.S.

ウムカジ（面影）

知名定男・作曲

黄金の花

知名定男・作曲

© 1994 by Nichion, Inc.

オジー自慢のオリオンビール

© 2002 by Amuse Inc.

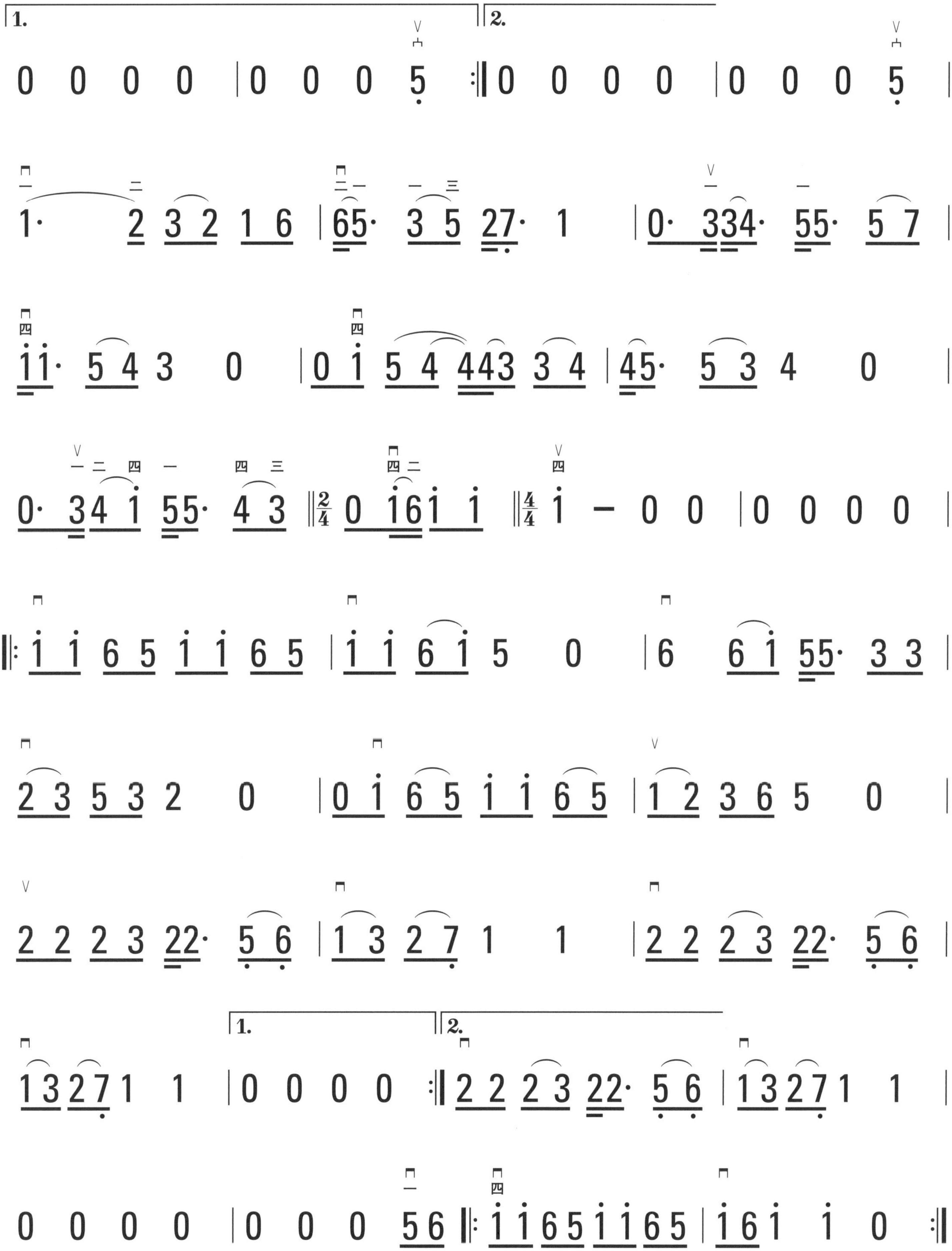

かりゆしの夜

BEGIN・作曲

© 2000 by Amuse Inc.

島人ぬ宝

BEGIN・作曲

1=G（5 2弦） 4/4

くにぶん木の花

BEGIN・作曲

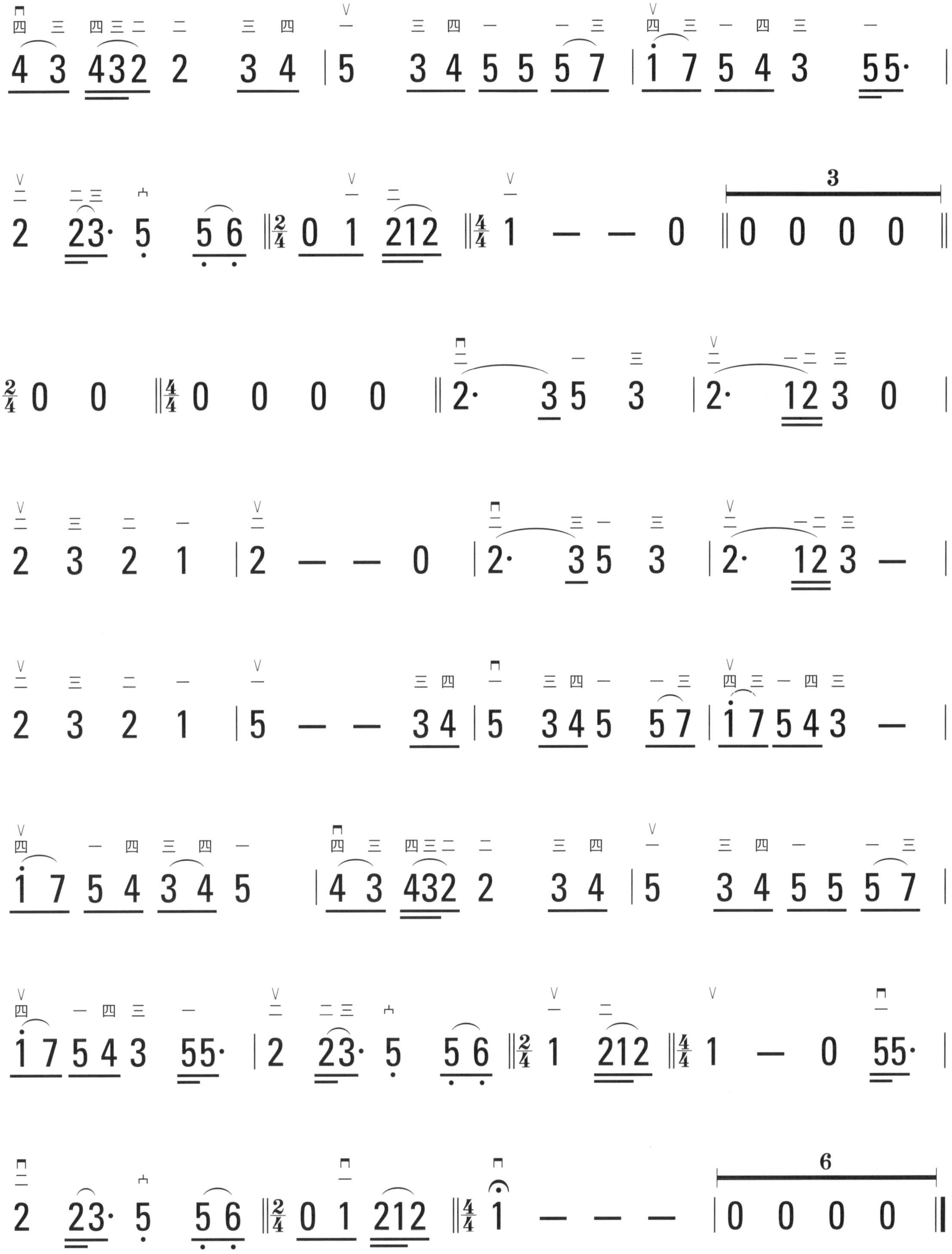

三線の花

BEGIN・作曲

© 2006 by Amuse Inc.

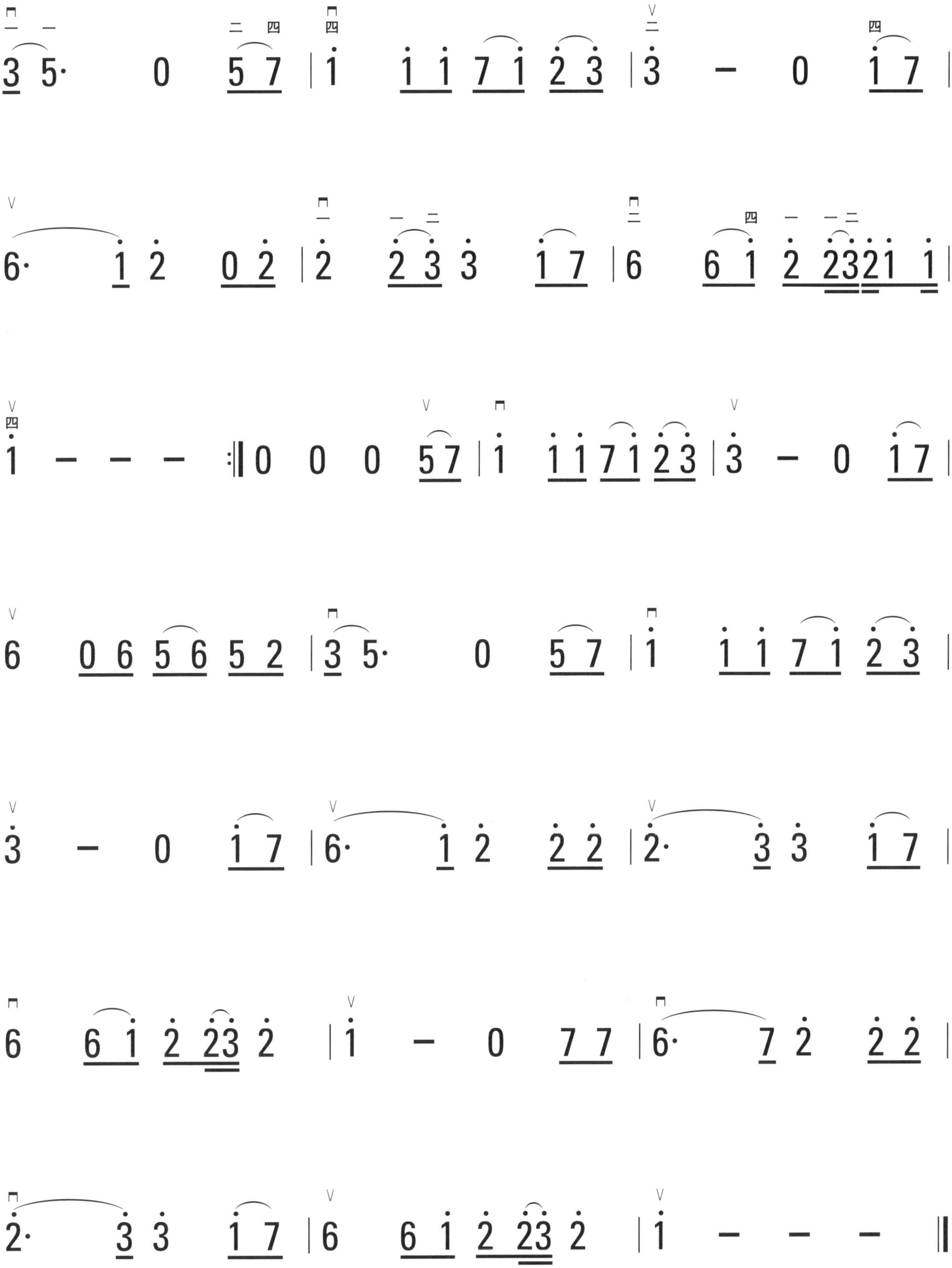

恋の島鳩間島

BEGIN・作曲

© 2002 by Amuse Inc.

15 53 35 | 56 65 32 | 2 122 23 ‖ 2/4 5 1 6 5 ‖

4/4 0 6 6 61 | 12 21 65 | 52 21 61 | 5 61 5 − ‖

2/4 0 0 ‖ 4/4 0 3 5 61 | 15 53 35 | 0 2 2 3 5 21 |

1 − 0 0 | 0 2 35 61· | 55 32 21 56 | 1 321 56 |

1 321 0 | 0 0 0 0 | 0 0 0 0 :‖ 55 321 0 |
D.C.　　　　　　　　　　　　　　　　　　　　　　　　⊕ Coda

0 2 35 61· | 55 321 0 | 0 2 35 61· | 55 321 56 |

1 321 56 | 1 321 56 | 1 321 56 | 1 321 0 ‖

さとうきび畑

寺島尚彦・作曲

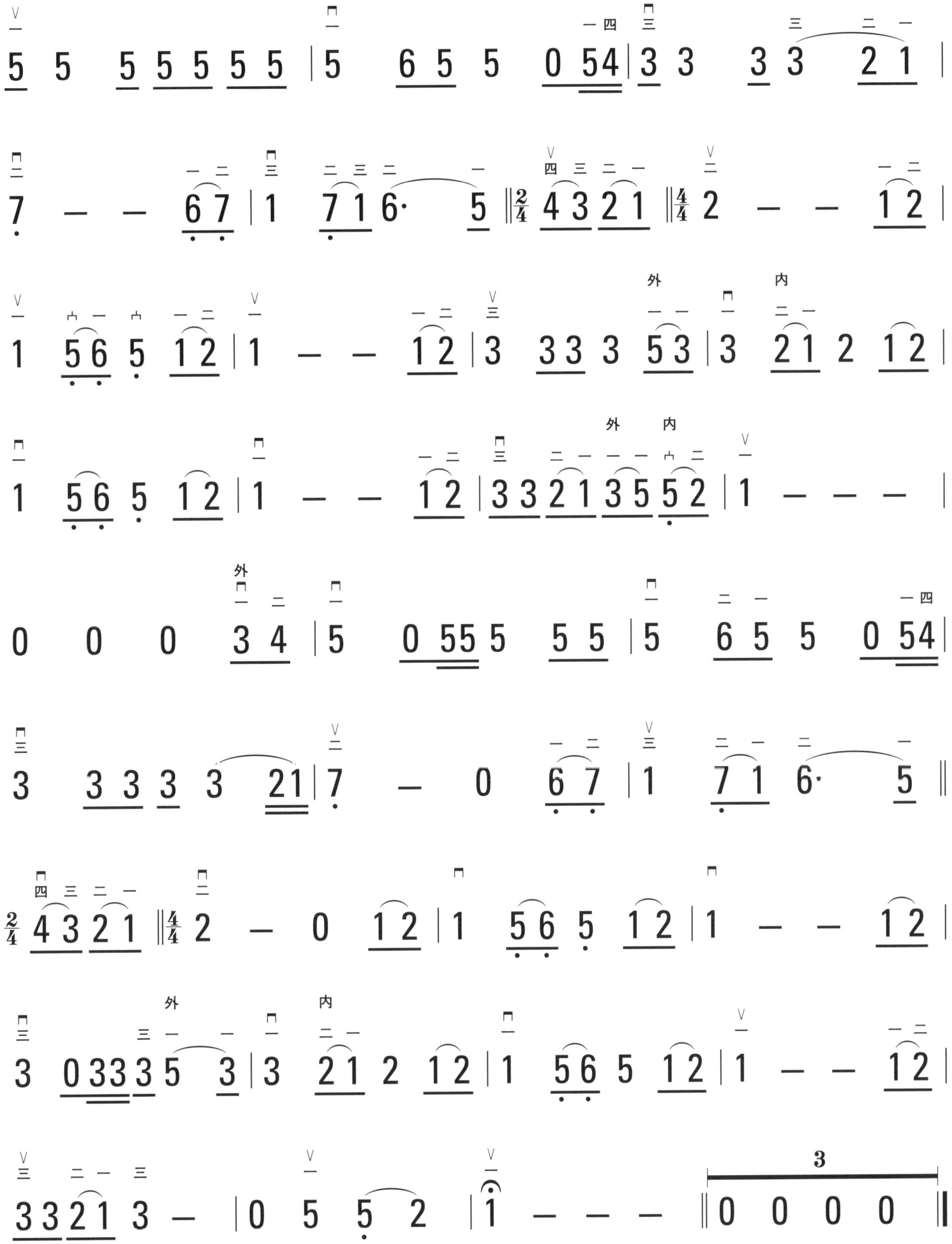
外
内
外
内
外
外
内

模範演奏動画　カラオケ

島唄

宮沢和史・作曲

1=G （5 2弦） 4/4

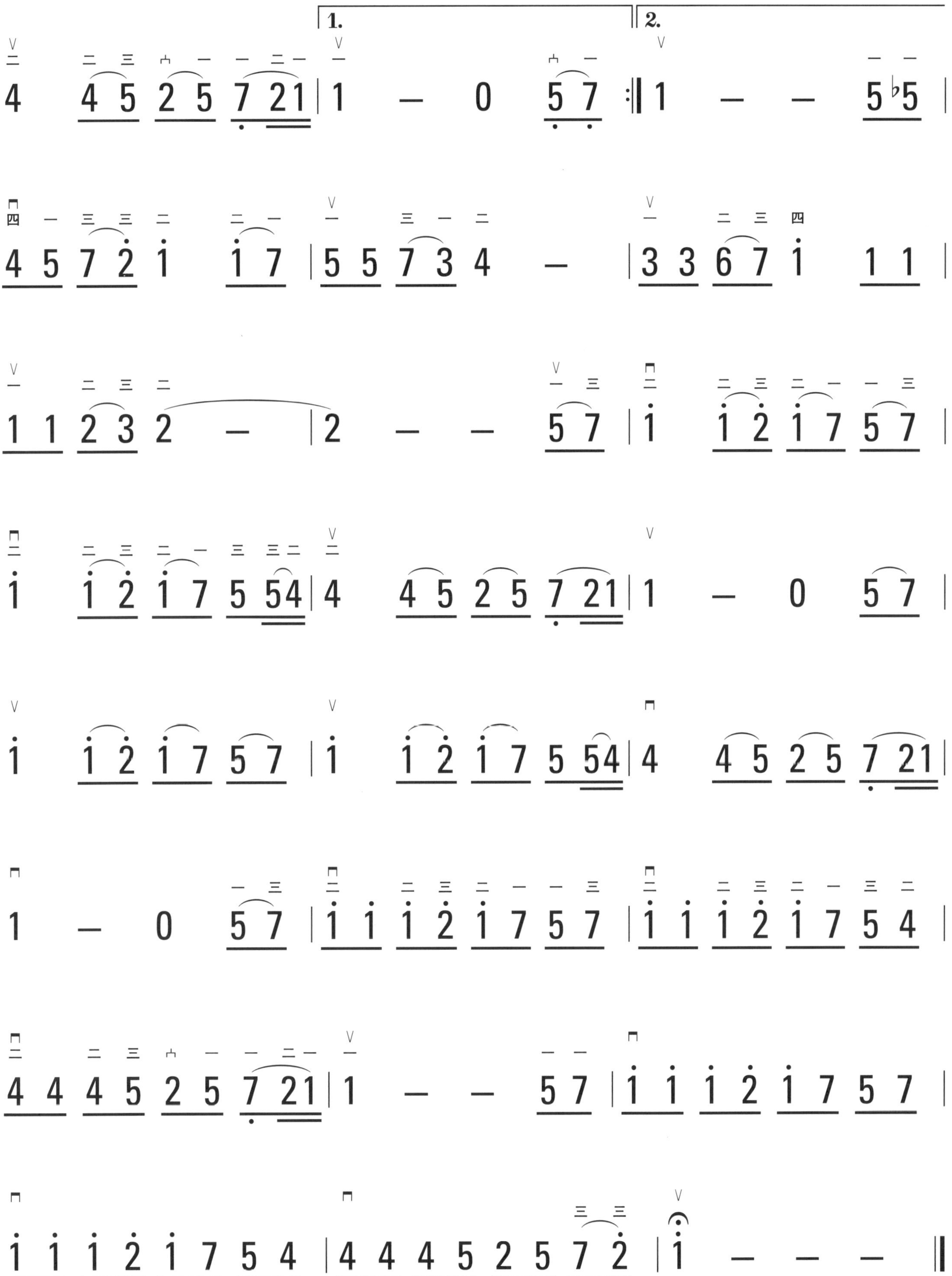

その時生まれたもの

BEGIN・作曲

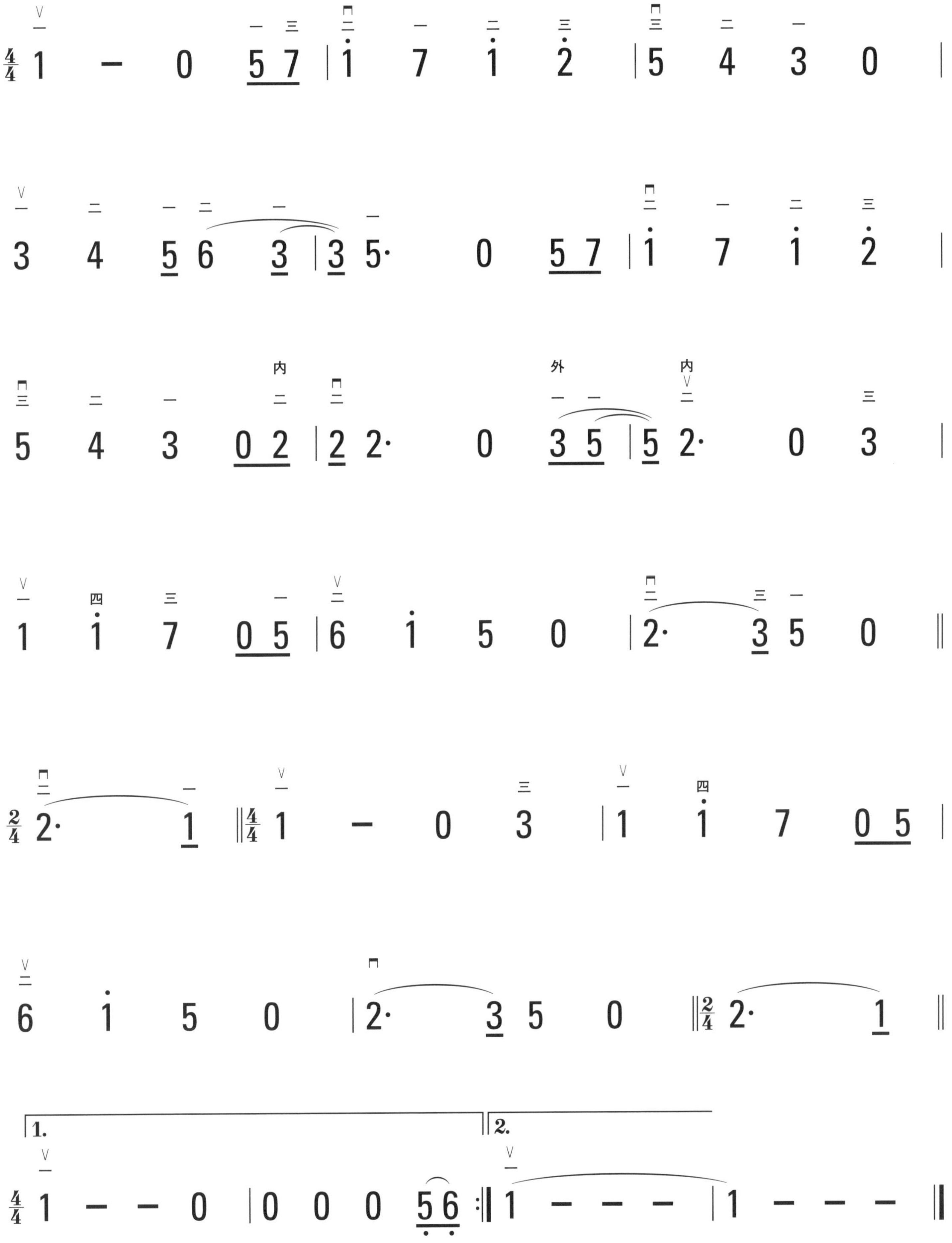
内
外
内

十九の春

沖縄民謡

1=G （5̣ 2弦） $\frac{3}{4}$

1 1 1 1 | 1 2 3 2 | 1 1 5 6 | 5 5· 0 |

1 1 1 | 1 2 3 5 | 3 3 2 1 2 | 1 — 0 ‖

5 6 6 6 | 6 7 6 5 | 3 2 1 6̣ | 5 5̣· 0 |

3 3 3 | 2 3 5 5 | 3 3 2 1 2 | 1 1· 0 ‖

2.
1 — 0 | 5 6 6 6 | 6 7 6 5 | 3 2 1 6̣ |

5 5̣· 0 | 3 3 3 | 2 3 5 5 | 3 3 2 1 2 | 1 1· 0 ‖

月ぬ美しゃ

八重山民謡

1=A （4 i弦） 6/8

竹富島で会いましょう

BEGIN・作曲

© 2000 by Amuse Inc.

谷茶前節（たんちゃめぶし）

沖縄民謡

1=D（1 5弦） $\frac{2}{4}$

模範演奏動画　カラオケ

てぃんさぐぬ花

沖縄民謡

1=G （5̣ 2弦） $\frac{4}{4}$

（楽譜）

鳥よ

上地正昭・作曲

模範演奏動画　カラオケ

芭蕉布：五つの沖縄民謡による組曲

普久原恒勇・作曲

1=G（**5̣ 2弦**）**¾**

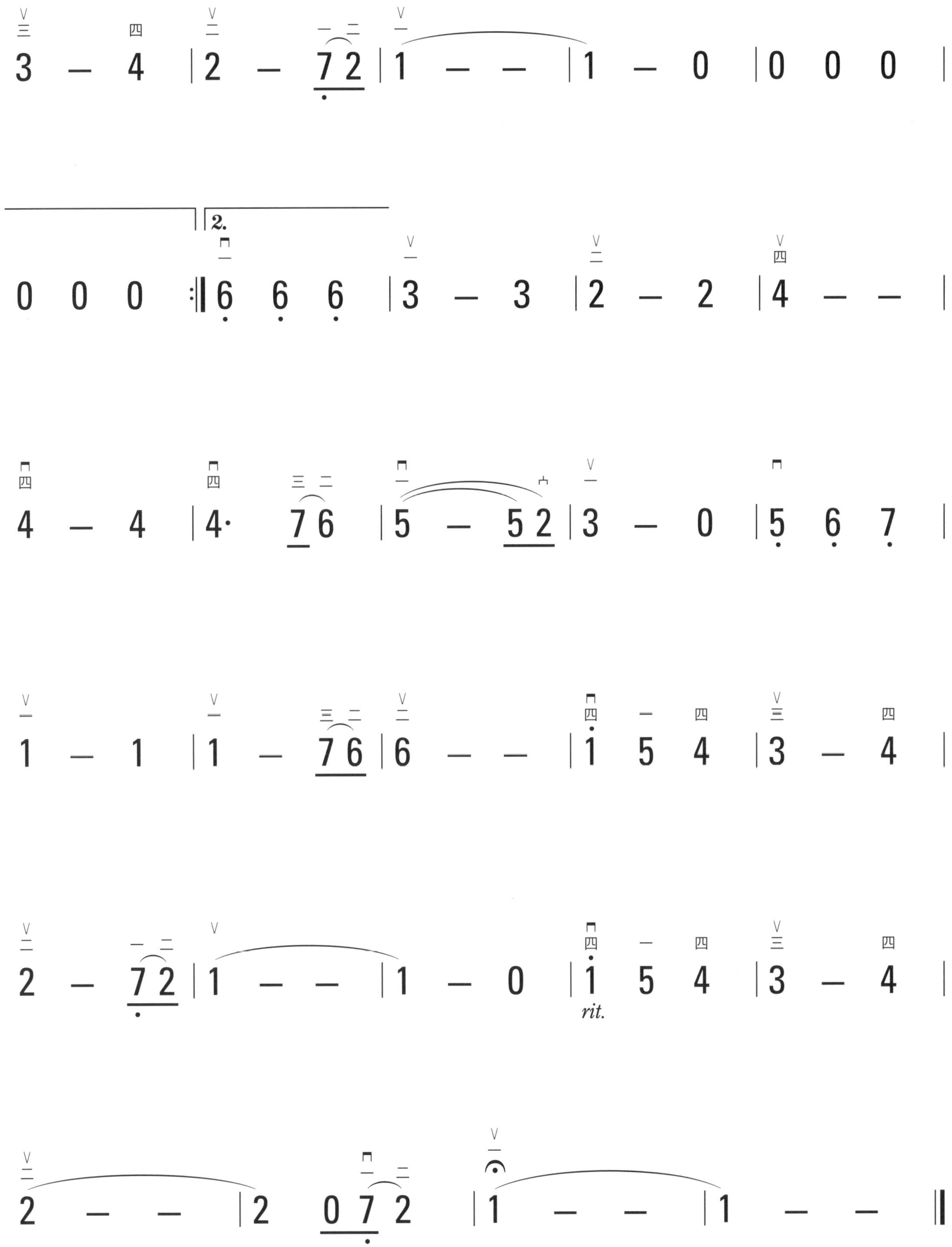
2.
rit.

模範演奏動画　カラオケ

涙そうそう

BEGIN・作曲

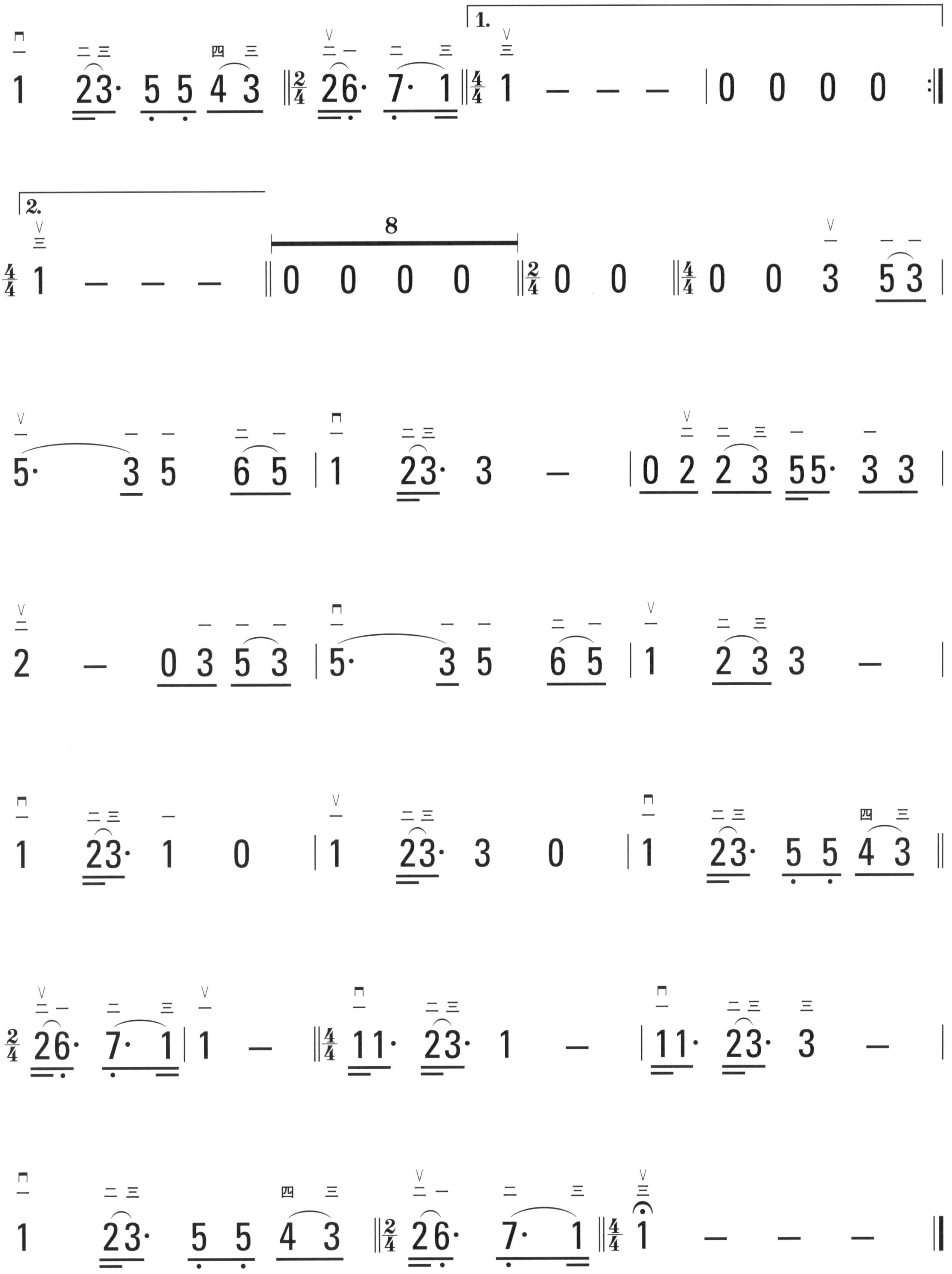

模範演奏動画　カラオケ

ハイサイおじさん

喜納昌吉・作曲

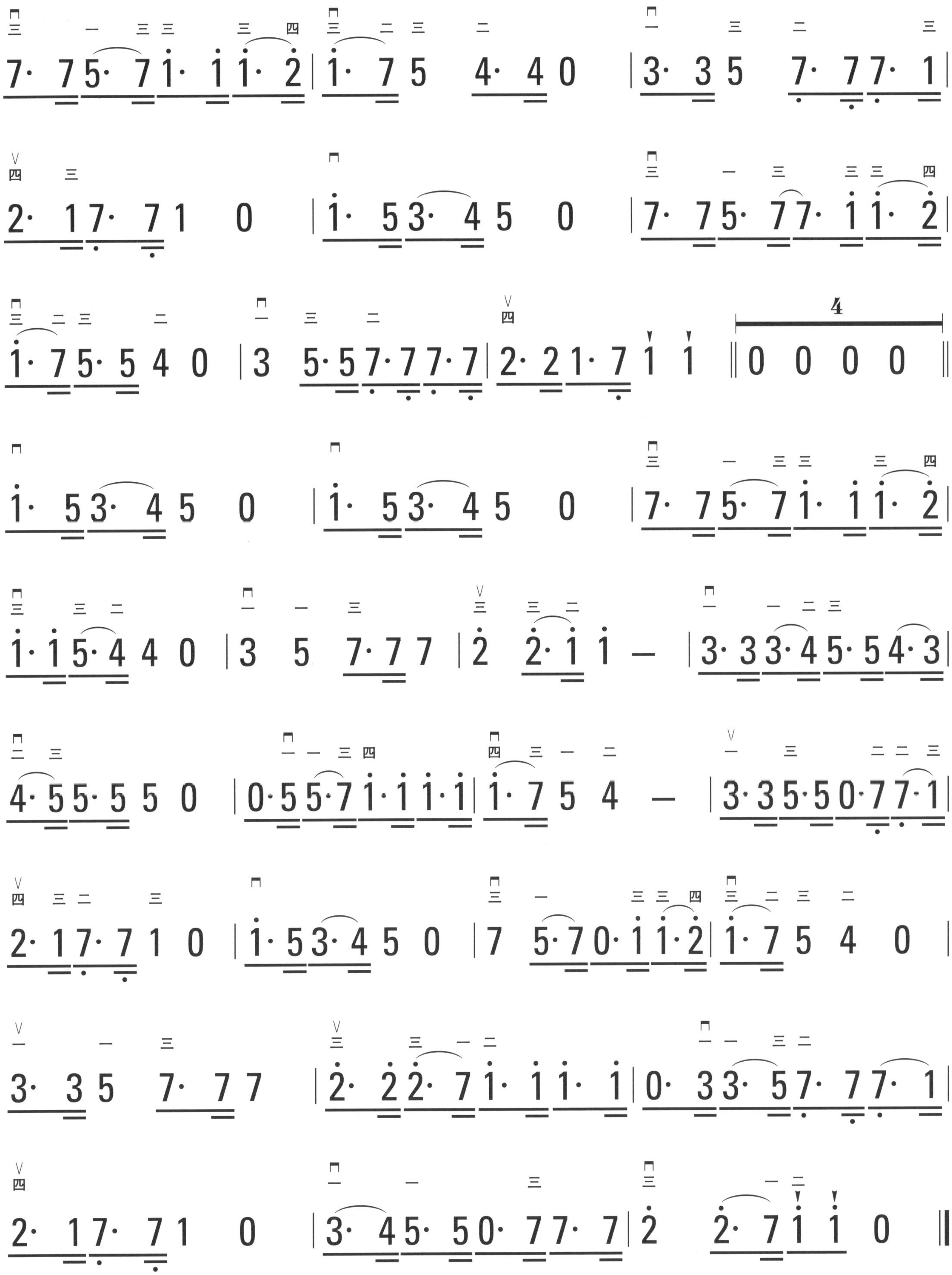

花 〜すべての人の心に花を

喜納昌吉・作曲

© 1977 by Nichion, Inc.

平和の琉歌

桑田佳祐・作曲

模範演奏動画　カラオケ

ファムレウタ（子守唄）

上地正昭・作曲

1=D（1 5弦） $\frac{3}{4}$

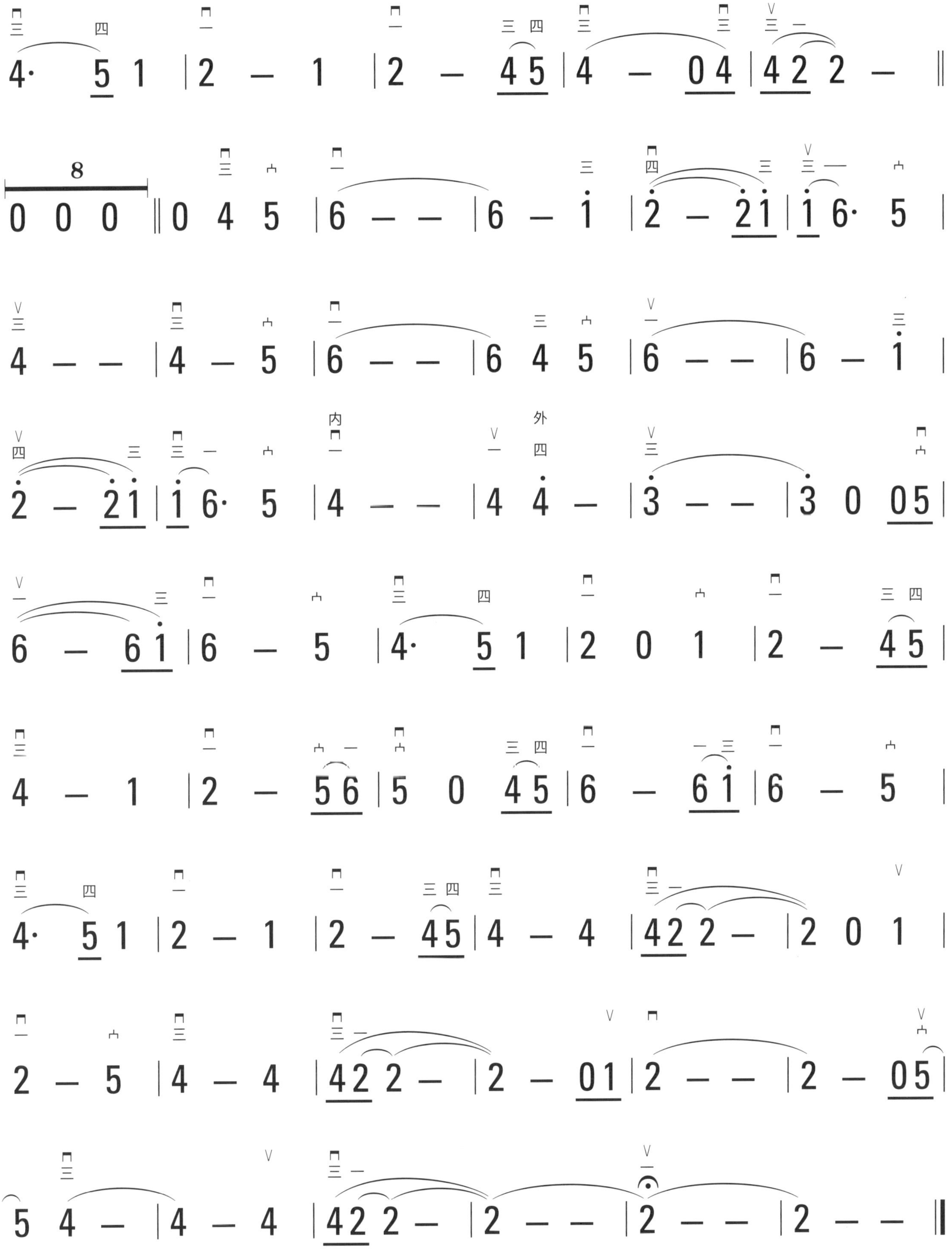

満天の星

上地正昭・作曲

© 2005 by FUNMUSIC.

1=D（1 5弦）$\frac{4}{4}$

D.S.

Coda

昔美しゃ 今美しゃ

BEGIN・作曲

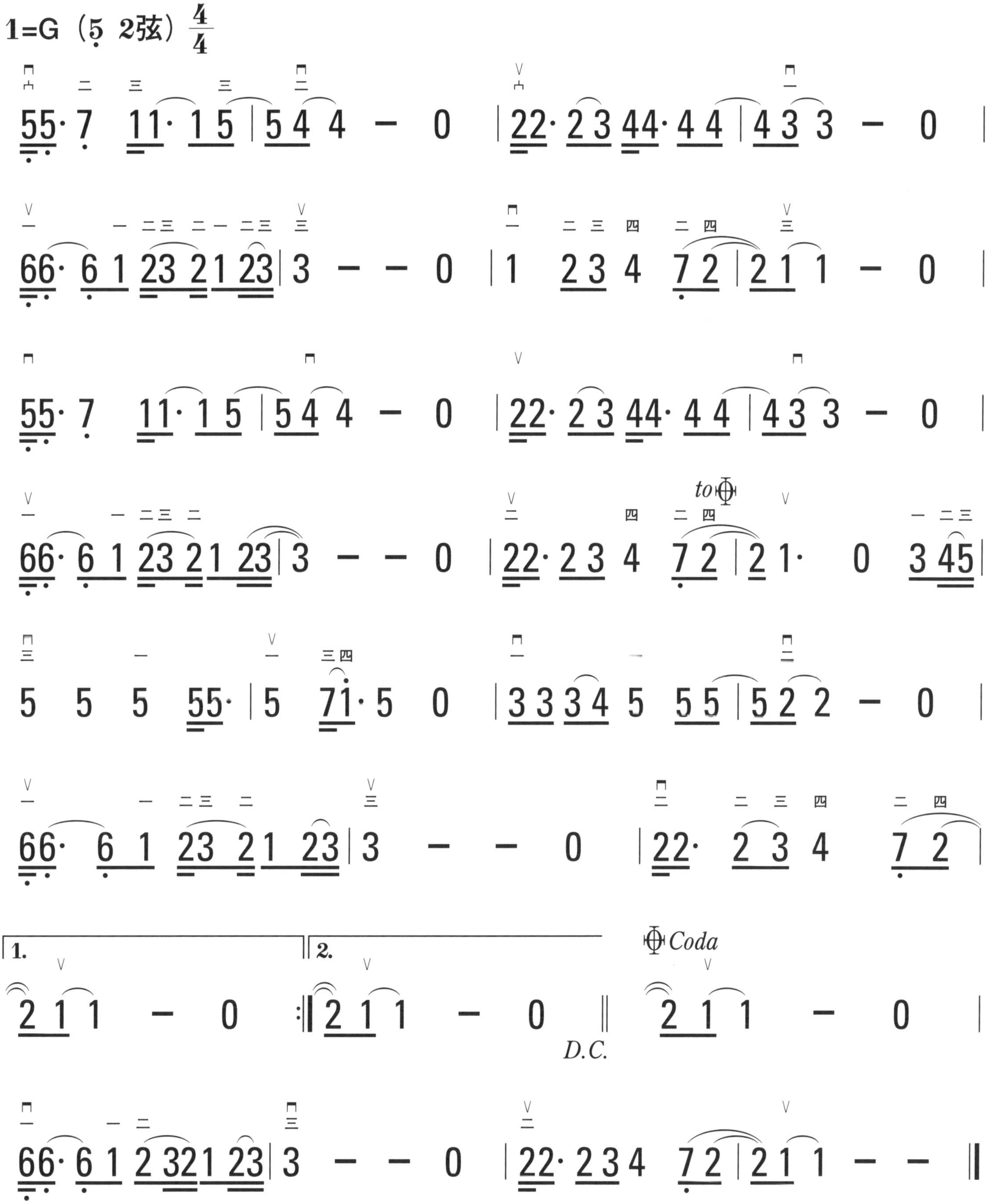

模範演奏動画　カラオケ

童神 〜ヤマトグチ〜

佐原一哉・作曲

1=G （5 2弦） 4/4

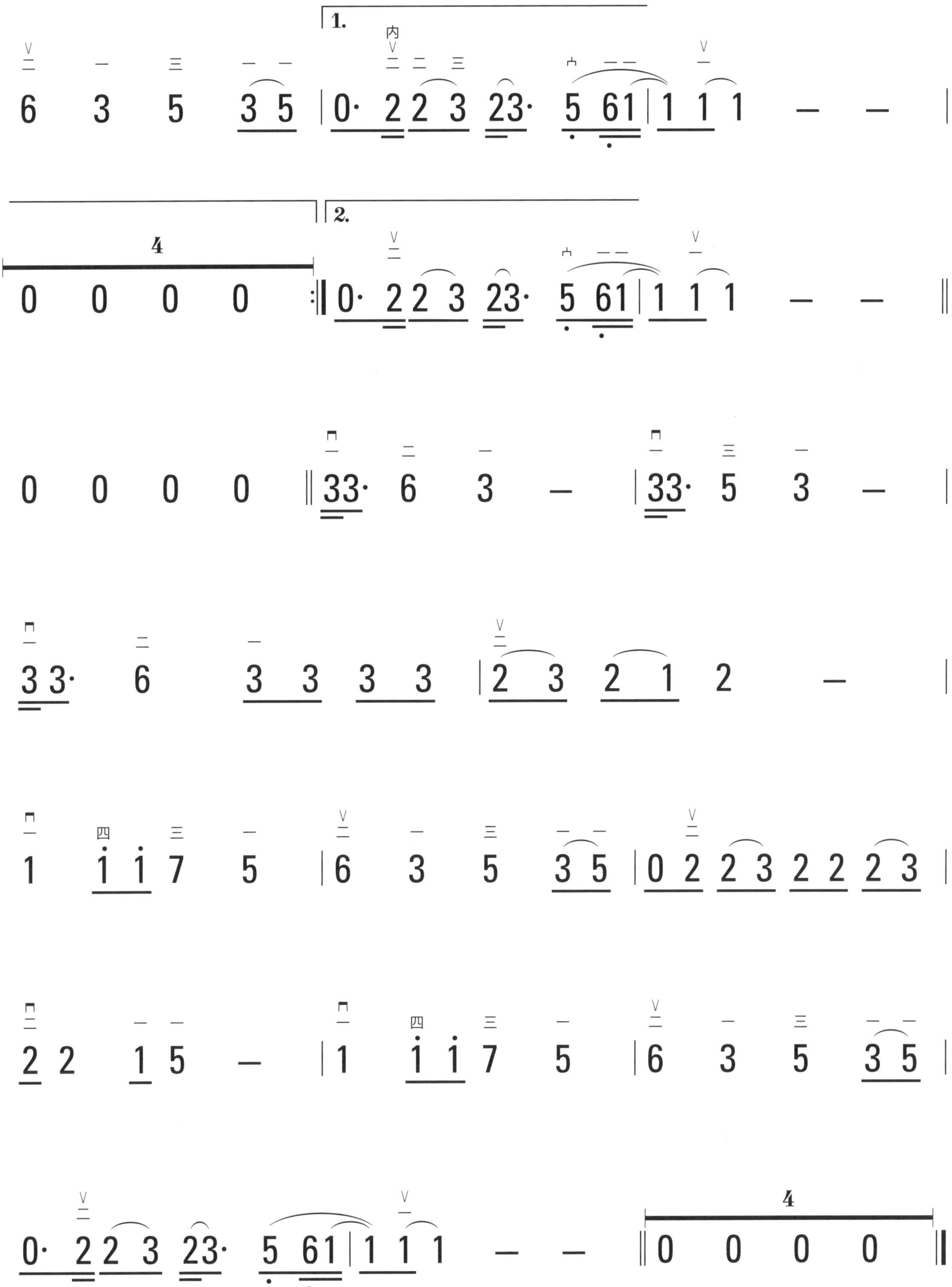

各部の名称と役割

ERHU GUIDE

二胡の各部の名称と役割を紹介します。それぞれの名称と役割は、本書でのレッスンや、皆さんが演奏する際に必要となりますので覚えておきましょう。

各部の名称と役割

※（ ）は中国語の呼び方です。

左側のイラストは弓の無い本体、右側のイラストは弓を付けた状態です。
弓は尾毛の部分を 2 本の弦の間に挟み込むのが大きな特徴です。

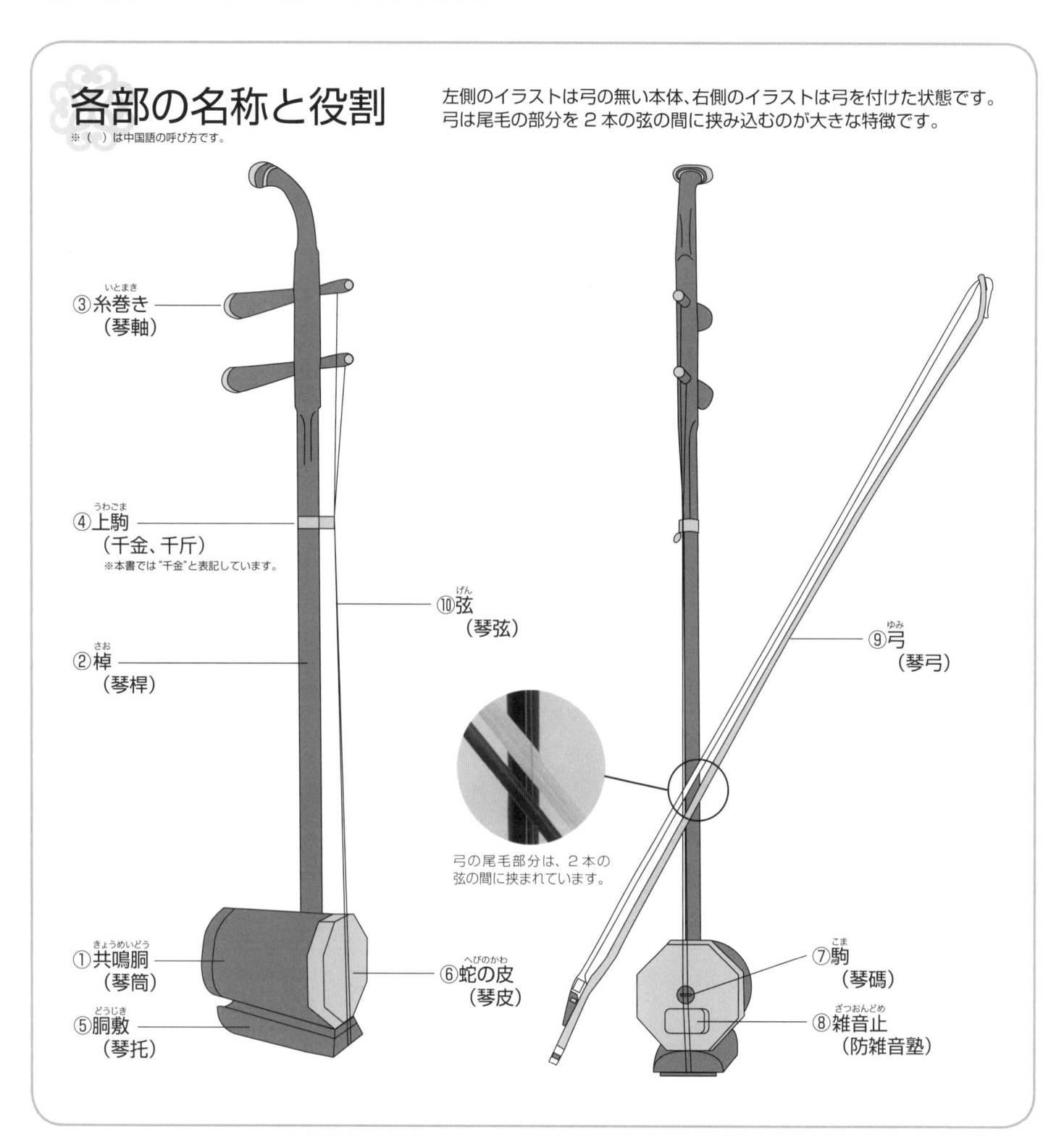

③糸巻き
（琴軸）

④上駒
（千金、千斤）
※本書では"千金"と表記しています。

⑩弦
（琴弦）

②棹
（琴桿）

⑨弓
（琴弓）

弓の尾毛部分は、2 本の
弦の間に挟まれています。

①共鳴胴
（琴筒）

⑥蛇の皮
（琴皮）

⑦駒
（琴碼）

⑤胴敷
（琴托）

⑧雑音止
（防雑音塾）

① 共鳴胴 ■ 琴筒（チントン）

二胡の音を出す共鳴箱でスピーカーの役割を
します。材質は紫檀、黒檀、紅木、花梨木な
どの木材で作られ、硬く密度が高いほど音色
が良いとされています。形は六角形が主流で
すが、八角形、円形、楕円形のものもあります。
裏側には"花窓"という補強を兼ねた装飾が付い
ています。

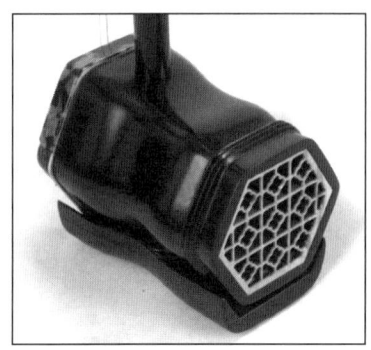

▲裏側は音の出口になっています。

② 棹 ■ 琴桿（チンガン）

共鳴胴と同じく、紫檀、黒檀、紅木、花梨木
などの木材で作られています。手にした時に
感覚が良く、見栄が良いものを選びましょう。
棹の断面は通常楕円形になっています。

③ 糸巻き ■ 琴軸（チンジョウ）

弦を巻いて調弦をする部分で、棹、胴と同じ
木材で作るのが一般的です（木軸）。木製また
は先端部分が金属製（銅軸）のものがあり、木
製のものは調弦が難しい反面、弦がゆるみに
くく、金属製のものは調弦がやさしいので初
心者に向いています。（→ P.56：弦の交換方法）

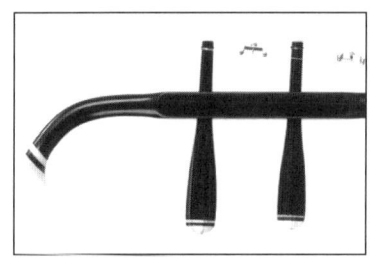

▲一般的な木製の糸巻き

④ 上駒 ■ 千金・千斤（センキン）※本書では"千金"と表記しています。

紐による"紐巻式"とプラスチックなどによる"固
定千金"の2種類があります。取り付け位置は、
下記の図のように付けましょう。
（→ P.60：上駒（千金）の付け方）

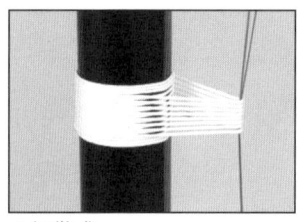

▲紐巻式

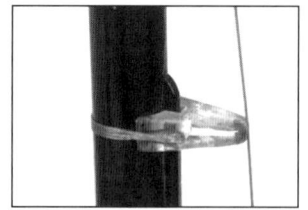

▲固定千金の例

上駒の付け方
(1)上駒は紐巻きと胴の
間で、棹の一番下から
約2/3の位置に付け
ます。
(2)弦と棹の間隔は約2
センチの距離を保って
下さい。
(3)手の大きさの個人差
があるので、状況に応
じて微調整します。

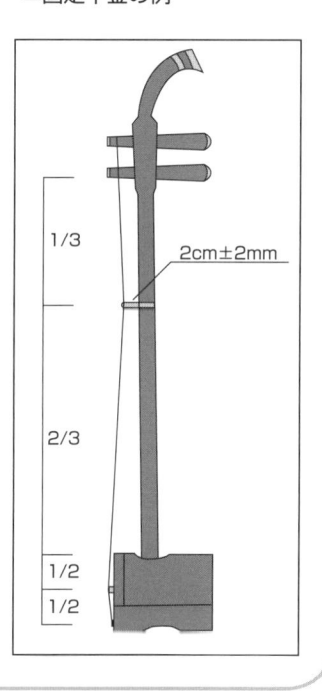

⑤ 胴敷 ■ 琴托（チントゥオ）

共鳴胴の下部を囲むように付いた台で、膝に
置いたときに安定するように重りが入ってい
ます。底の部分に弦を掛けるストップ・テール・
ピースがあります。

▲底の部分にあるストップ・テール・
ピースに弦の端を掛けて張ります。

⑥ 蛇の皮 ■ 琴皮（チンピー）

ニシキヘビの皮が使われており、弦の振動が駒を介して皮に伝わり共鳴する、二胡の音色を決定する非常に重要な部分です。皮の品質は二胡の命と言われ、皮の模様は大きく均等したものが良く、厚すぎず薄すぎないものが上質とされています。厚すぎると音色がこもって音量が小さくなり、薄すぎると劈く音になり、雑音も出やすくなります。また、皮の張り付け具合もとても大切で、締めすぎたり緩めすぎたりすると振動が悪くなり音色に影響します。

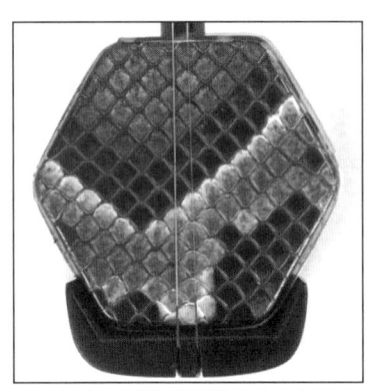

▲ニシキヘビの皮は装飾的な価値もあります。

⑦ 駒 ■ 琴碼（チンマー）

皮の中心に置き弦の振動を伝えます。紫壇、黒檀など様々な材質があり、音色を左右するものなので、自分の二胡に合った材質を選びましょう。（→ P.61：駒・雑音止について）

駒の立て方

⑴蛇側の中心位置に垂直に立てます。溝が二つ付いているので、それぞれに内弦と外弦を乗せます。雑音を減らすために、綿や専用のスポンジを駒の下側に挟んで下さい。

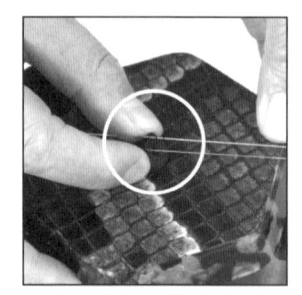

▲２本の弦を駒のスリットに乗せて皮の中心位置に立てます。

⑵長く使わない場合は、皮の張りを保護するために、駒を外すか弦をゆるめます。または、鉛筆を胴の幅と同じ長さに短く切って駒の上部に挟み込みます。

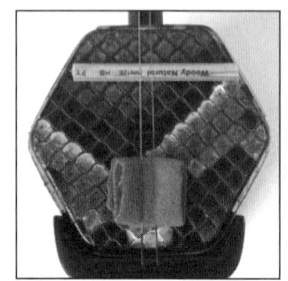

▲皮を保護するために、短く切った鉛筆などを皮と弦の間に挟みます。

⑧ 雑音止 ■ 防雑音塾（ファンズァインデェン）

弦と皮の間に挟み雑音を消します。材質はウール製のフェルトやスポンジが多く使われます。（→ P.61：駒・雑音止について）

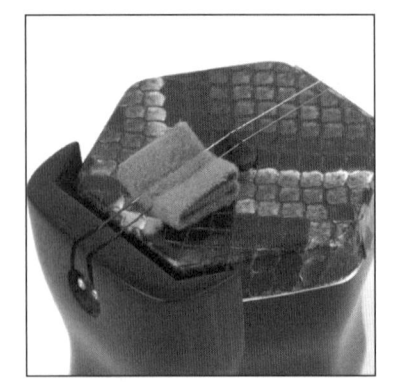

▲駒の下側に挟むことにより、主に高音域で発生するノイズ（雑音）を消す役割をします。

⑨ 弓 ■ 琴弓（チンゴン）

竹と馬の尻尾の毛を束ねた尾毛で作られています。竹は節が少なく真っ直ぐなものが良く、尾毛は白色のものが最良です。根元のネジを外すと弓の棹の部分と尾毛が分かれるので、２本の弦の間に挟み込みネジを回してセットします。このネジを回すことによって弓の張り具合を調整します。（→ P.54：弓について）

⑩ 弦 ■ 琴弦（チンシェン）

材質はスチール弦が主流で、細い方が"外弦"太い方が"内弦"です。製造メーカーが多数ありますので、好みによりご自分の二胡に合った音色の弦を選びましょう。

二胡の選び方

二胡をはじめて購入する場合に、まず「どこで買うか？」ということに直面します。

二胡教室が近くにあれば、楽器を持っていなくても体験教室などで、実際に二胡に触れることができ、講師の方から適切なアドバイスを受けることが出来ますが、近所に教室や楽器店が無い方や、楽器店で二胡を取り扱っていない場合は、インターネットなどで各種情報を得てみるのも良いでしょう。

ネット環境がない方でも、最近では地域ごとのミニコミ誌や各種カルチャー・スクールなどでも二胡を教えている講師が増えていますので、購入する前に一度問い合わせてみることをお勧めします。

楽器店で二胡を購入する場合は、店員に詳しい方がいるかどうかも要チェックです。二胡の専門店も最近増えてきましたので、これから始める方でも親切にアドバイスしてくれます。

購入する際は下記の点に注意しましょう。

本体：まずは実際に手にしてみましょう。木材は古い紫檀、紅木を使用した物、蛇皮の模様はやや大きく、適当な厚さ、艶がある物が上級品です。蛇皮の貼り具合も重要で太鼓のようにしっかり貼り延ばされ、指で軽く叩いて、よく響いた方が良いです。棹は真っ直ぐ、適当な太さ、弯曲が無いものを選びましょう。糸巻は木軸の方をお薦めますが個人の好みにより銅軸を選択しても構いません。

弓：弓は節が無いもの、或いは節の部分をよく加工し、滑らかであり、弾力性がある物が良いです。毛の部分は綺麗に整え、ネジを回して、緩みの調節もチェックしましょう。

弦：現在中国国内での二胡弦を製造するメーカーは数多く、品質も良質です。個人の好み、二胡の材質により装着後の音色をチェックする方がより効果的です。金属製品の弦は老化するので毎日練習する方は数ヶ月に一度入れ換えをお薦めます。

駒・雑音止・上駒：駒は紫檀、黒檀、メイプル、マホガニー、松などの木製のものであり、音量と音色にも影響があり、雑音止は音のノイズを防ぐために必要で、自分の二胡に装着して音を確かめ、選択する方が確実です。上駒の紐が古くなり切れそうになった場合は新品に交換しましょう。

入門用として、楽器と教材などがセットになった物も沢山販売されています。値段は二胡単体で二万円前後の物から、数十万円の高級二胡まで様々な種類がありますが、廉価の二胡は琴皮に人工皮革や羊などの皮を使用したものが多いので、本物のニシキヘビの皮を使用した二胡がより良いと思います。

なるほど！ 琴皮に使用されているニシキヘビの皮は、ワシントン条約（絶滅のおそれがある野生動植物の種の国際取引に関する条約）などの動物保護条約に絡み、国際的に輸出入規制が強化されているものです。中国へ旅行などに行き二胡を購入した場合は、中国政府が発行する CITES（サイテス：瀕危野生動植物種国際貿易公約）の書類を取得しないと日本への持ち込みが禁止されているので注意して下さい。

二胡専門店

蘭花堂● http://www.rankado.com/
優文中国楽器店● http://www.ybcn.jp/erhu.htm
中国屋楽器店● http://www.dosodo.co.jp/
名師堂● https://www.nikomeishido.com/
二胡姫● http://www.nikohime.com/
飛天楽坊● http://www.liu-fk.com
龍胡堂● https://nikoryukodo.com/

▲二胡に詳しい店員さんや講師がいる専門店での購入がお勧めです。

二胡（胡琴）の種類

ABOUT ERHU

日本では"胡弓"と呼ばれることがありますが、中国の二胡と日本の胡弓にはつながりがなく、まったく別の楽器です。中国には胡弓と呼ばれる楽器はありません。

また、中国では"胡弓"ではなく"胡琴"という二胡の呼び方があります。"胡琴"とは"胡"という楽器の総称でもあり、様々な種類の"胡"があります。

二胡は琴筒の形状、製作地によって大きく下記の二つに分類されます。

> 南方二胡：上海、蘇州、無錫など、揚子江の南側の地域で作られた二胡の総称で、琴筒が表裏とも六角で裏面に透かし彫りがあります。哀愁ある深い音色が特徴です。
>
> 北方二胡：北京、天津など、北方地域で作られた二胡の総称で、琴筒の正面が八角形、裏側は円形です。一般的に六角のものより若干音質が硬いのが特徴です。
>
> 近年、中国経済の発展により南・北の交流が深まり、南方二胡と北方二胡の概念は徐々に無くなる傾向があります。

形状や材質、及び大きさの違いから、二胡（アル・フー）、板胡（バン・フー）、京胡（ジン・フー）、高胡（ガウ・フー）、中胡（ジョン・フー）などのいろいろな種類の"胡"があります。
この中でも二胡は高胡と中胡の中間の音程で様々なジャンルの音楽に適しており、皆さんがよく耳にする最もポピュラーなものです。

二胡

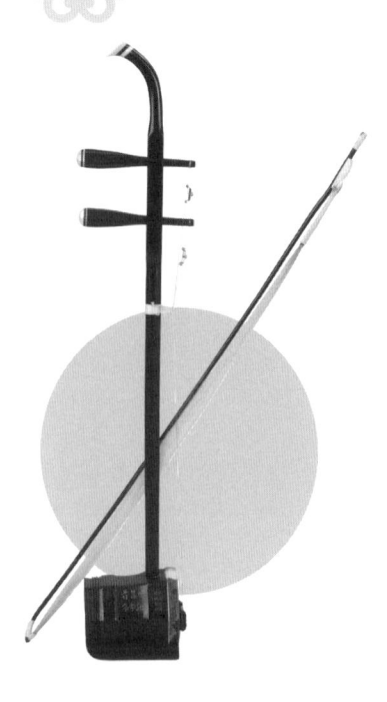

◀ 二胡 (アル・フー) ─────────
「胡」という文字は中国では古くから「異民族」の意味合いを持つ言葉で、二胡の原型楽器は、唐代からシルクロードを経由して西方より伝来したとされ、その後、様々な改良を重ねて1950年代に現在の形状、サイズなどに定められました。
中国ではここに紹介した"胡"以外にも、各地の地方演劇や音楽の中に使わる"胡"があります。例えば河南地方の"墜胡"、山東地方の"擂琴"、京劇に使われる"京二胡"、モンゴル民族の"馬頭琴"なども全て"胡琴"の一員です。

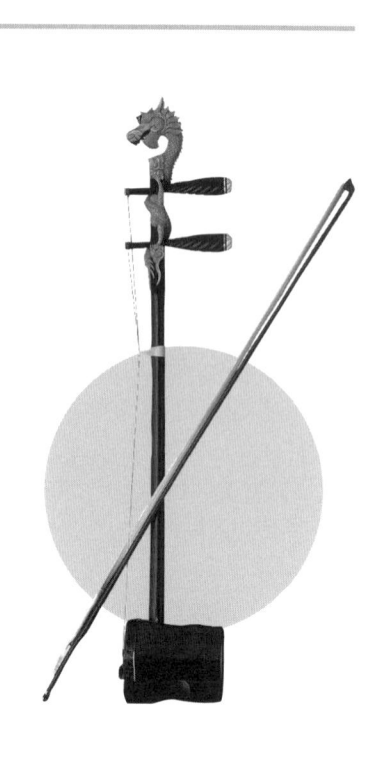

───────── **龍頭胡 ▶**
二胡と同じですが、棹の頭部のデザインが龍や鳳などの形に細かく細工をされています。このような二胡は、中国的美意識の象徴でもあります。

胡琴の一部

京胡 (ジン・フー)

京劇で使用される主要な伴奏楽器で、胡琴の中では最も小さく、棹や共鳴筒は全て竹でできています。二胡は、左足のつけね、下腹部に当てて演奏するのに対して、京胡は左膝の上に置いて演奏します。胴の一端に青蛇の皮を張り、千金はフックで弦を引き、糸で棹に固定します。甲高く済んだ音色は京劇の歌と合っているので、京劇伴奏楽器の"四大件"(四種伴奏楽器:京胡・京二胡・月琴・板鼓)の中でかかせない地位を担っています。

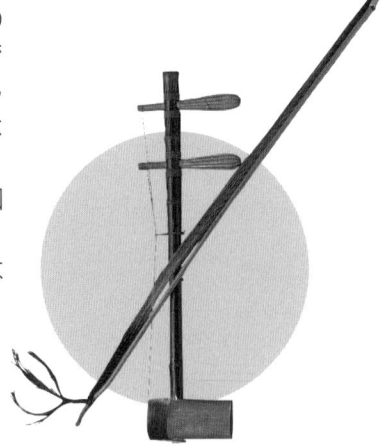

板胡 (バァン・フー)

中国では「秦腔」(陳西省の地方劇)、「評劇」(河北省、東北地方劇)などによく使われ、共鳴筒部分は椰子の殻、上面が蛇皮でなく薄い桐板でできているため板胡と呼ばれます。胴敷と棹、及び糸巻きは紅木、烏木などの堅木で作られています。音質は甲高く明るく、ソロ楽器としてもよく使われます。力強いイメージばかりでなく、繊細で表現豊かな音を出せる点が大きな魅力です。

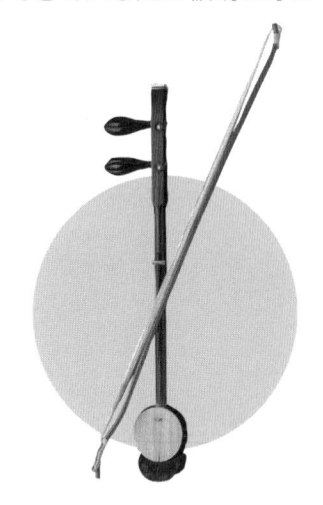

中胡 (ジョン・フー)

中音域の二胡の略称。共鳴筒は二胡より大きく、棹は長く、弓も少し長めですが、演奏方法はほとんど二胡と同じです。主に伴奏や合奏用ですが、独奏楽器としても使われます。重厚感のある音色は、大草原をテーマにした曲や馬頭琴のイメージで使われることが多いです。豊かな低音で、二胡を"ヴァイオリン"に例えると、中胡は"ヴィオラ"といった存在です。

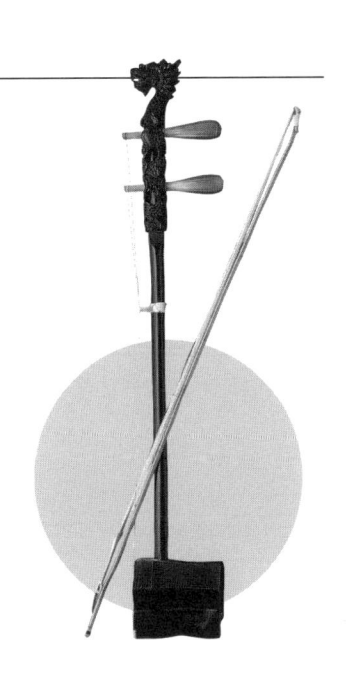

高胡 (ガウ・フー)

高音域の二胡のことで、広東音楽を演奏する主役の楽器です。高胡の構造は二胡と似ていますが、共鳴胴がやや小さく、演奏する時に、共鳴筒を両膝に挟んで音量をコントロールすることにより、しなやかな音色にします。広東音楽で、独奏または主要楽器として使われており、民族オーケストラでは高音域弦楽器として多く用いられます。

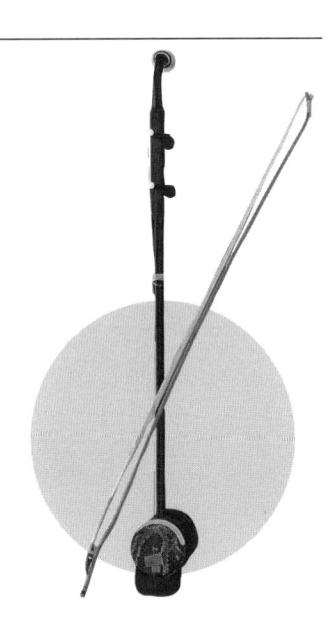

胡弓

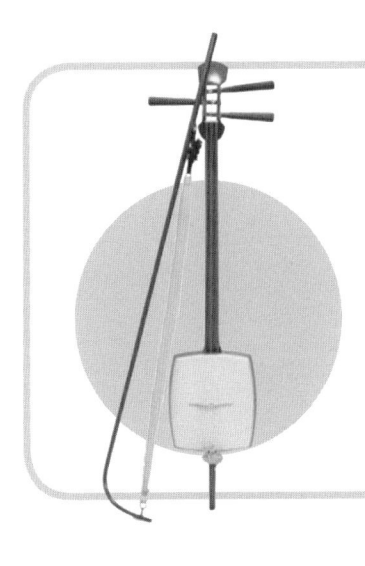

胡弓が最初に文献に現れるのは江戸時代初期で、中国の二胡など胡琴系楽器とは縁が遠く、奏法も異なる日本独自のものです。多くのものは3本の弦を持ち(4本のものなどもある)、ほぼ三味線を小型にした形をしています。素材も三味線とほぼ同じで、棹(ネック)には紫檀や紅木の他花梨などが使われ、胴(ボディ)には桑が使われています。胴や棹の木目には朱色の漆が塗り込んである楽器もあります。

胡弓楽、地歌、義太夫節などで使用される「三曲」三曲合奏の構成楽器の一つです。また日本の民謡で、特に北陸から関西にかけて使用されるほか、各地の民俗芸能や一部の宗教において演奏されます。弾く弦を変えるために、弓ではなく本体の角度を動かして弾くのが特徴です。

弓について

BOW

弓の棹の部分は竹で作られており、毛の部分は馬の尾毛を束ねて作られたものです。新品の弓には、松脂を付けなければいくら弾いても音が出ません。二胡の音を出すには弓の毛の部分に松脂を十分につける必要があります。

弓の種類

二胡はヴァイオリンやチェロなど他の擦弦楽器と同じように、弦を弓で擦ることによって音を出しますが、2本の弦の間に弓の尾毛部分を挟み込んであるのが二胡の大きな特徴です。
二胡の弓は"南方式（蘇州弓・上海弓）"と"北方式（北京弓）"の2種類があります。

南方式（蘇州弓・上海弓）

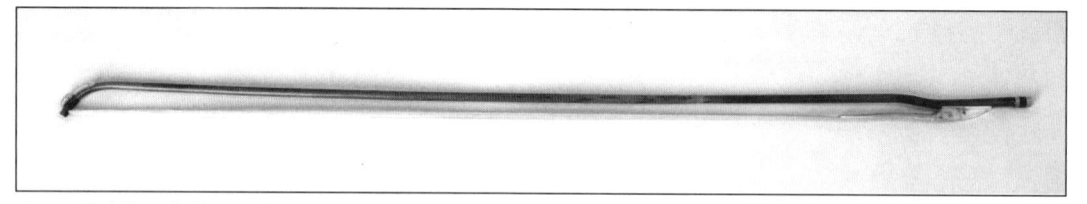

主に蘇州、上海で作られた弓で、弓先が大きく湾曲しています。毛の脱着は手元のネジを回して外し、張り具合もネジを回して調整出来ます。

北方式（北京弓）

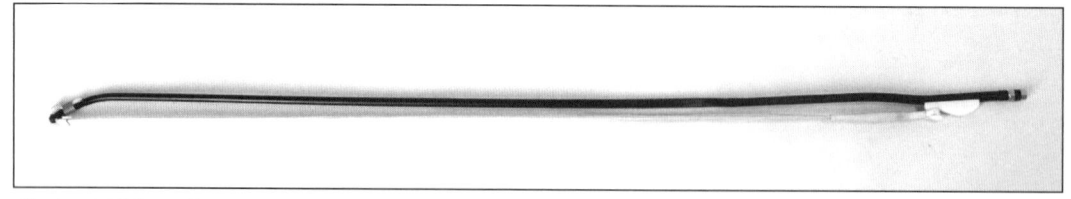

北京・天津で作られた弓で、手元に尾毛のフック（材質：木製・牛骨・プラスティックなど）が付いており、毛先の輪になった部分を引っ掛けるようになっているため楽に着脱出来ます。弓の張り具合は手元のネジを回して行います。

なるほど！ 弓の尾毛は消耗品です。演奏する毎に摩耗し、松脂は毛の中に蓄積されていきますので、長期間使用するとどうしても汚れが目立ってきます。
毛の部分の交換が出来るので、古くなってきたら交換しましょう。また、毛なので湿度の影響を受けやすく、切れてしまうこともあります。その場合は、切れた毛の元の部分をハサミなどで切り取ってそのまま使用して下さい。

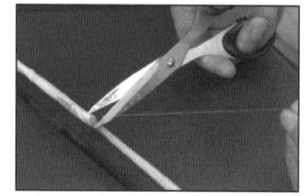

▲切れた毛をハサミで切り取ります。

松脂の取り扱い方

二胡の弓は、二本の弦に挟まれた状態で演奏するので、毛の両面に松脂を付けなければいけません。

弓を本体から取り外して行う方法（写真①）と、弓が付いた状態で松脂を付ける方法（写真②）がありますが、一般的には弓を外さずに松脂を付けます。左手で二胡の棹と弓の先端部分を握って、弓の根元部分は机や譜面台、演奏者の右太股などの固定出来るところに置きます。右手で弓の先端部分から根元部分まで、ゆっくりと毛の部分に松脂を付けます（写真③）。片面が付け終わったら、同じようにもう片面にも松脂を付けます（写真④）。

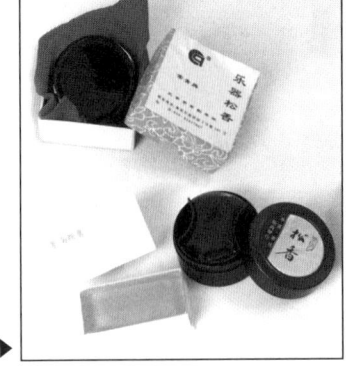

松脂は使いやすい物を選びましょう。▶

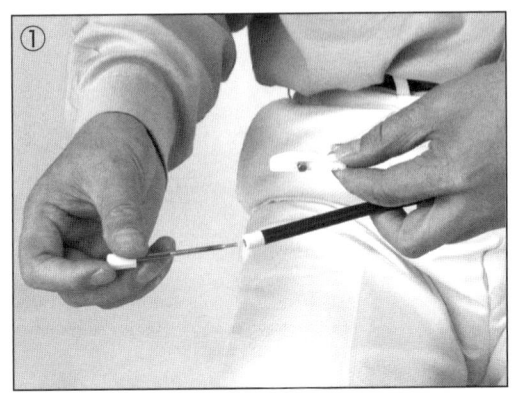

▲弓を外して付ける場合：手元のネジを回して分解し、尾毛を棹から外し、弓を弦から取り外します。南方式の弓と北方式の弓では取り外し方が異なります。（写真は南方式）

▲弓が付いた状態で付ける場合：左手で二胡の棹と弓先の部分を握ります。弓を落とさないように注意して下さい。やりにくい場合は、片側をテーブルの上などに置いて行なって下さい。

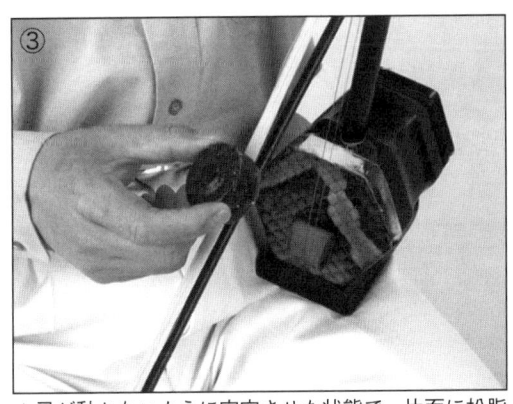

▲弓が動かないように安定させた状態で、片面に松脂をまんべんなく付けます。

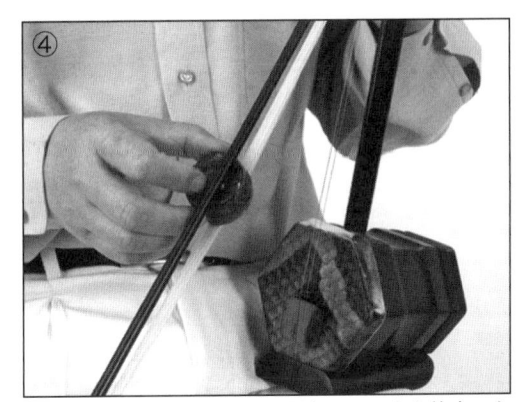

▲片面が付け終わったら弓を回転して、もう片方にも付けます。

👆 ここがポイント　新品の弓は毛に松脂が付きにくく時間かかる場合があります。松脂の付ける量が足りない場合は、弦を擦ったときに滑るような感じになってしまい音量がでません。また、付けすぎると松脂の粉が飛んでしまい雑音が出やすくなってしまい、その粉が二胡の胴体や弓の棹に付着して、拭き取りにくくなる場合がありますので、適当な量を付けるように注意しましょう。

松脂を付けるときの注意事項は、同じ個所だけで毎回付けていると、松脂に溝が出来て使いにくい状態になるので、溝が出来ないように回しながら表面に均等に付けます。

弦の交換方法

STRINGS A ERHU

弦が古くなると金属老化により音の出が悪くなったり、切れてしまう場合があります。交換する時は、切れた弦が1本の場合でも、音色が違ってしまうことがあるので同じメーカーの弦を2本共交換しましょう。糸巻部分の構造は主に木軸（木製）と銅軸（金属製）の二種類があり、弦の入れ替えと巻き方については微妙な差があります。

弦の交換

弦を新しいものに交換する場合、弦を外す→新しい弦を張る→チューニングをする。という一連の作業は、初心者にとって面倒なことですが、常にきれいな音色を出し、自分の二胡を大切にするためにも、定期的に弦を交換しましょう。

用意するもの

弦（琴弦・チンシェン）

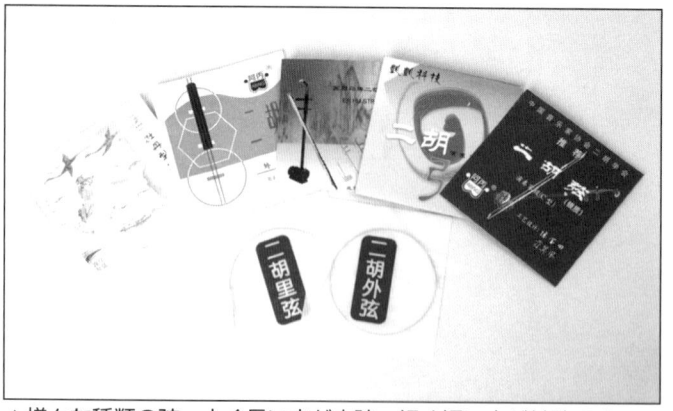

▲様々な種類の弦。太く長い方が内弦、細く短い方が外弦です。切れた時の為に二胡ケースには1セット入れておきましょう。

チューナー

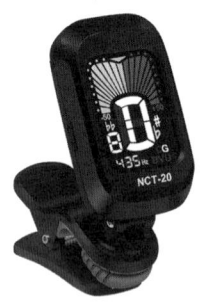

▲ギター用のチューナーでOKです。

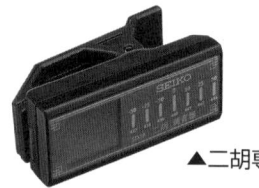

▲二胡専用チューナー。

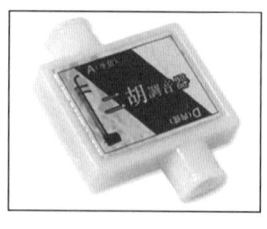

◀二胡専用のピッチパイプ。笛のように吹いて音を出します。

雑音止（防雑音塾・ファンズァインデェン）

▲雑音を抑える為に、弦と皮の間に挟みます。

千金用紐

▲紐タイプの上駒（千金）に使用する紐です。

駒（琴碼・チンマー）

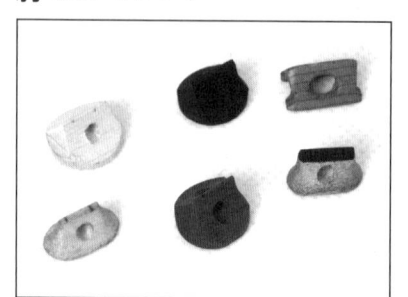

▲紫檀、黒檀など様々な材質があります。音色を左右するものなので、自分の二胡に合った材質を選びましょう。

微調器（アジャスター）

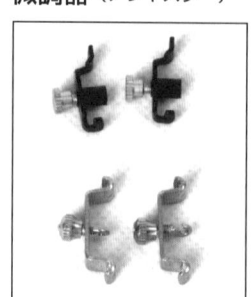

▲外弦・内弦それぞれに取り付けて、より細かいチューニングが出来ます。

［弦をはずす］

二胡弦の交換に慣れていない方（特に初心者）は、最初は二胡を安定した場所に寝かし置いてからはじめましょう。

1， 外弦の外し方で説明します。まずは、弓、駒、雑音止を外し、糸巻を時計方向に回して弦の張りをゆるめます。この時、右指で弦を弾きながら、音程が下がっていることを確認しながらゆるめていきます。

👉 **ここがポイント** 紐タイプの千金の場合、両弦（内弦・外弦）を同時に解くと、紐千金が崩れる恐れがありますので、片方の弦ずつ交換するようにしてください。

2， 完全にゆるんだら、弦を糸巻からはずし、胴敷（台座）の底面にあるテール・ピース（鋲）からもはずします。順番は外弦・内弦のどちらからはずしても構いません。

クリーニングしましょう

2本の弦をはずした状態は、弦交換のときしかありませんので、この時に、柔らかい布などで、二胡の胴体、棹などを綺麗にして拭きましょう。

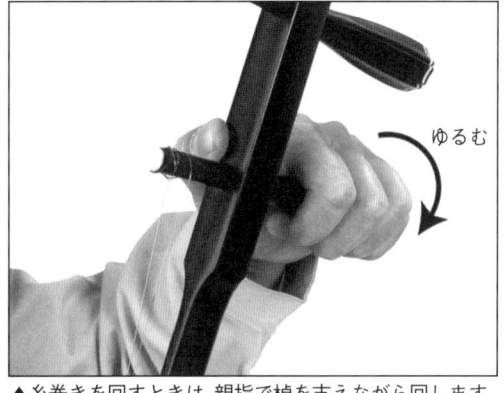
▲糸巻きを回すときは、親指で棹を支えながら回します。

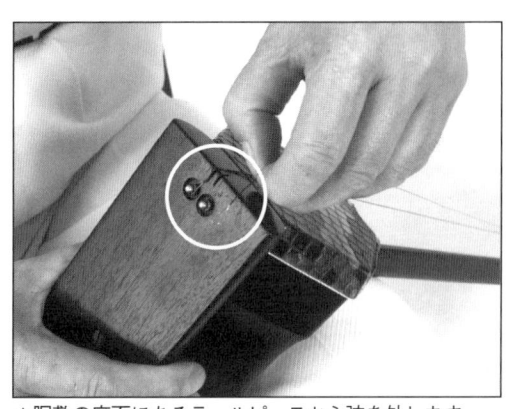
▲胴敷の底面にあるテールピースから弦を外します。

弦の入れ替え方（木軸）

二胡の弦は、内弦（里弦とも呼びます）と外弦の合わせて2本があります。弦の先端は、一方は輪になっており、一方は尖っています。材質はスチール製やステンレス製が一般的です。一度折り曲げるとクセがつきますので、弦袋（包装袋）から弦を取り出す際は折り曲げないように気をつけましょう。また、尖っている先端で指を刺され、ケガをしないようご注意ください。

尖っている方は、糸巻きの穴に通した後に先端を約5〜10mmほど折り曲げて反り返し、穴に差し入れておくこともよいでしょう。オススメします。

弦を張る順番は、内弦・外弦どちらからでも構いません。本書ではまず外弦から張っていきましょう。

1， 弦の先端部分の輪を胴敷のテール・ピース（鋲）に掛けます（写真①、②）。もし外れてしまう場合は、テープなどで固定してもよいでしょう。
　弦の輪が小さくてテール・ピース（鋲）に引っ掛けづらい場合は、ペン先などに引っ掛けてテール・ピースに滑らすと掛けやすいです。

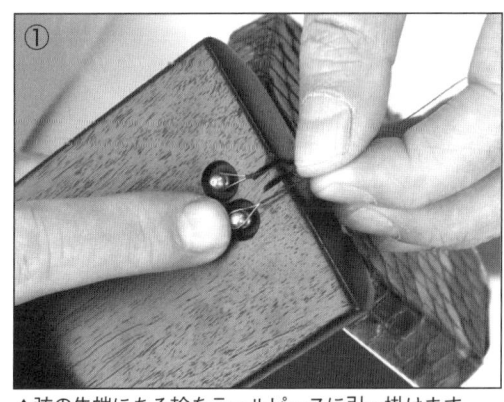
① ▲弦の先端にある輪をテールピースに引っ掛けます。

② ▲弦を引っ張って外れないことを確認します。

2, テール・ピース(鋲)に掛けたら、そのまま弦を伸ばして、千金に通します。(写真③)
このとき、弦がもう一方の弦と交差しないように気をつけてください。 交差したまま弦を取り付けてしまうと弾いたとき雑音が多くなってしまいます。

3, 外弦の片方を下の糸巻き(楽器を立てた状態で、上から二つ目)の穴に通して、尖っている部分を5〜10mmほど折り曲げます。(写真④)

4, 糸巻きで巻き上げる前に、抜けないように巻き付けておきます。(写真⑤)

5, 右手で弦がゆるまないように引っ張りながら、左手の糸巻を時計の逆方向(手前方向)にゆっくりと回していきます。(写真⑥)

6, 巻き上げる時は、交差しないように内側(棹側)に向けて間隔が空かないように巻いていきましょう。(写真⑦)

▲弦を交差させないように注意しながら千金に通します。

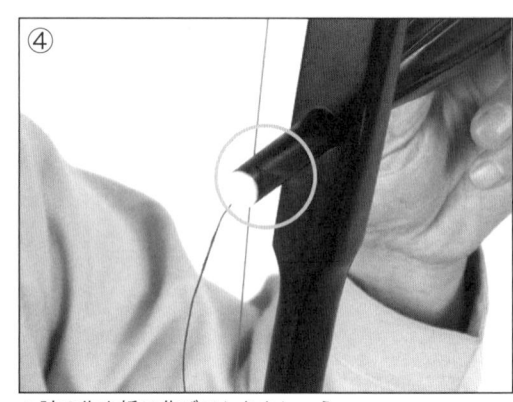

▲弦の先を折り曲げておきましょう。

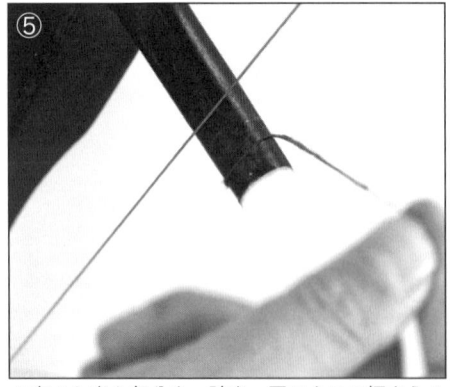

▲穴から出た部分を、弦を一回りさせて押さえるように巻き付け、抜けないようにします。

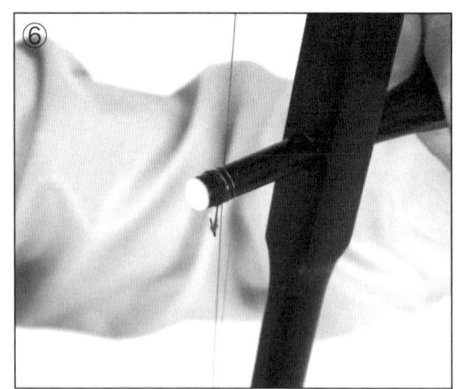

▲右手で弦を引っ張りながら、左手で糸巻きを手前方向にゆっくりと巻いていきます。この時、必ず音を出しながら行い、巻きすぎないように注意して下さい。

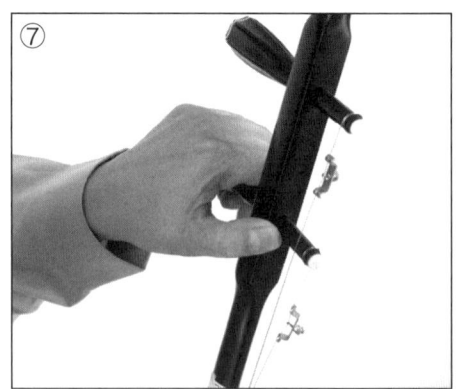

▲弦がクロスしないよう、きれいに巻いて下さい。

7, 外弦を張り終えたら、次に内弦を外します。上の糸巻き(楽器を立てた状態で、一番上)を手前方向(自分側)に回して外します。
上駒(千金)を付け直す場合は、内弦・外弦とも外して構いません。
(P.60:上駒(千金)の付け方参照)

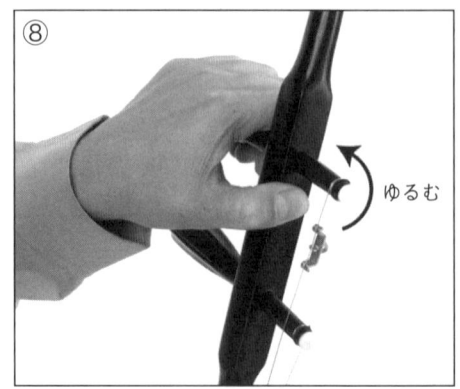

ゆるむ

▲内弦を緩める時は、糸巻きを手前方向に回します。

👆 **ここがポイント** 弦の材質はスチール(金属)が主流で、先端が細く鋭利なので、特に弦の入れ替え時には取り扱いに注意が必要です。セット後も糸巻部分を握ってしまうと、手に刺さり思わぬ怪我をすることがありますので、弦を交換する時に、先端部分を折り曲げて糸巻の穴に反り入れておくと安全です。

［弦の巻き方（木軸）］

外弦：下の糸巻に弦を通してから、時計の逆方向に回します。
内弦：上の糸巻に弦を通してから、時計方向に回します

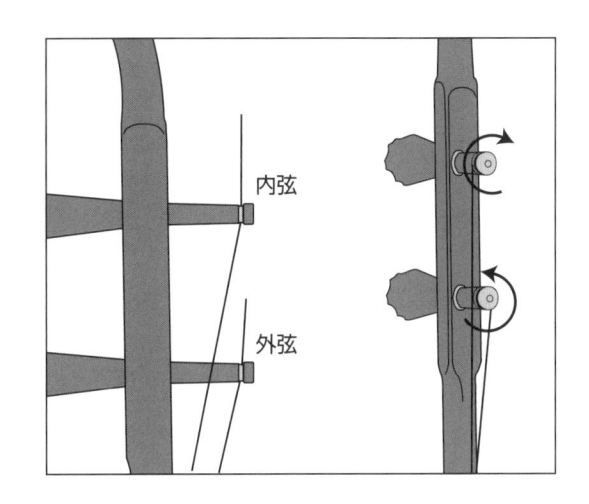

弦の入れ替え方（銅軸）

木軸と同じく、弦の緒は胴敷の鋲に引っ掛かけ、外弦は下の糸巻の穴に、内弦は上の糸巻の穴に通して、両方とも時計と同じ方向に回します。

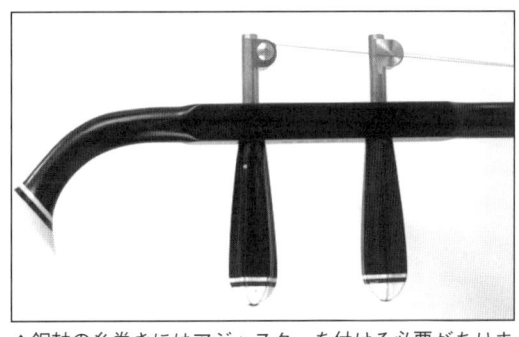

▲銅軸の糸巻きにはアジャスターを付ける必要がありません。

［弦の巻き方（銅軸）］

外弦は下の糸巻の金属部分の穴に通し、内弦は上の糸巻の金属部分に通します。糸巻は両方とも時計と同じ方向に回します。

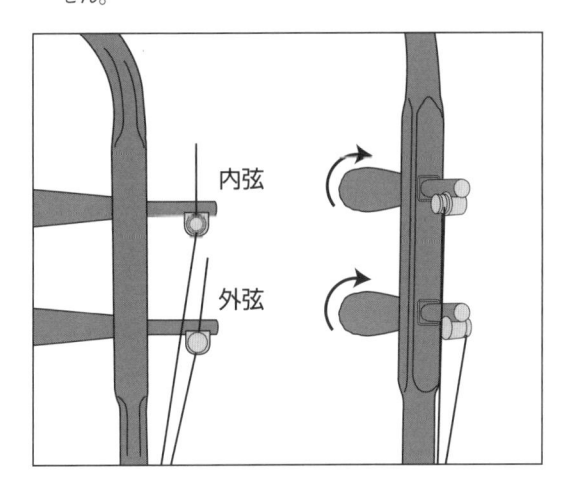

上駒(千金)の付け方

SET THE ERHU

上駒には糸巻式の他に、金属式、木製、プラチック、動物の角と骨式などがあります。本書では主流の紐巻式での付け方について詳しく説明します。

上駒の位置及び幅

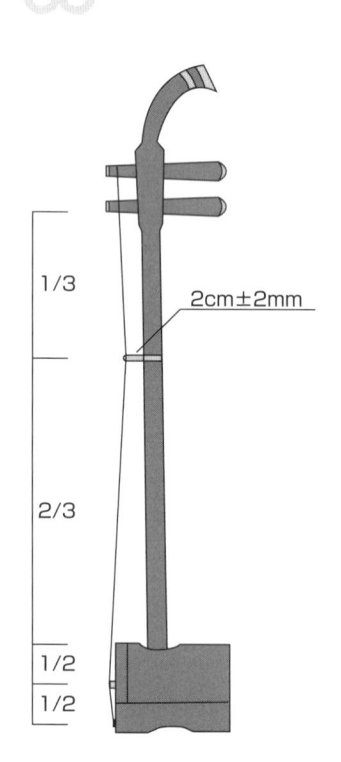

1/3

2cm±2mm

2/3

1/2
1/2

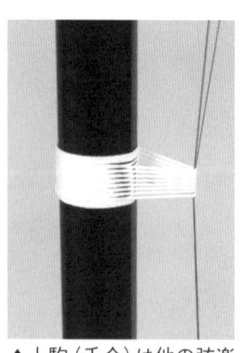

▲上駒(千金)は他の弦楽器でいうナットの役割をします。

手の大きさは年、性別、体格によりかなりの差があり、手の大きさにより上駒の位置と幅を決めます。

手は小さいほど上駒の位置を低く、幅も狭く付けます。一般的に二胡胴体と下の糸巻の間、下から3分の2位の位置、幅は棹から弦の間、2cm位のところに付けます。

千金用紐は二胡販売店、及びインターネットで二胡専用の糸を購入出来ます。まず180mmの長さの紐を用意し、次の手順で上駒の紐をとり付けます。

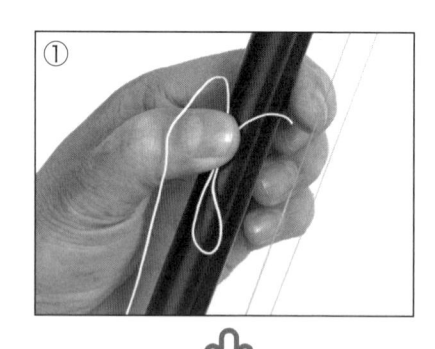
①

1, 紐を約5～10cmほど曲げて輪を作り、上に向いて棹の中央に置きます。左手で曲げている紐を押さえながら、右手で紐を棹に3～4周回します。

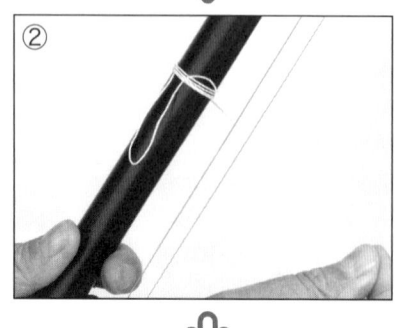
②

2, 次に棹と弦を1周回して、棹だけ1周回します。同じように6～8周ぐらい回してから棹だけ3～4周回して、紐の先端は曲がった紐の輪に入れます。

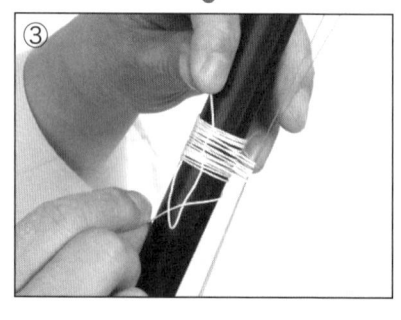
③

3, 両手で紐の両端を軽く引いて、輪になっている紐を千金の紐の下中央で固定します。最後に余分な紐を切ります。

駒・雑音止について

SET THE ERHU

二胡の駒は木製で、大きさはほとんど同じく、紫檀、黒檀、松、メイプル、マホガニー等の材質を使います。駒の材質により音量と音色に違いが出ますので、自分の好みに合った材質を選びましょう。駒は弦と蛇皮の中心位置に垂直に立てます。

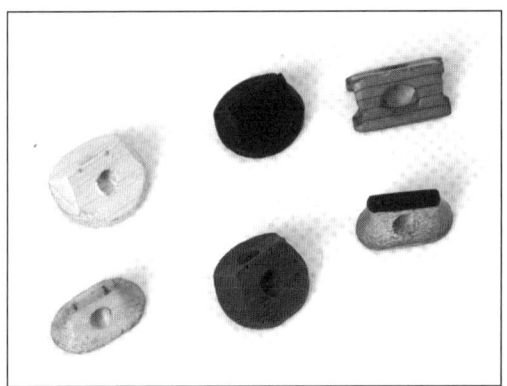

▲駒（琴碼・チンマー）：紫檀、黒檀など様々な材質があります。自分の二胡の音色に合ったものを選びましょう。

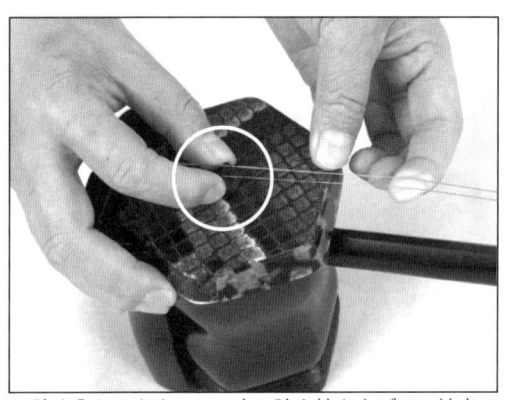

▲駒を入れるときは、2本の弦を持ち上げて、蛇皮の中心位置に置き、駒の溝に2本の弦を載せます。

雑音止は専用のスポンジやウール製のフェルトなどがよく使用されます。二胡は比較的デリケートな楽器で、天候や室内の乾燥状態によって高音部の雑音が出ることがあるので、そのノイズを防ぐためのものです。雑音止を弦と蛇皮の間、位置は蛇皮中央の下側に入れます。スポンジならそのままに入れますが、フェルトの場合は長さ100mm、幅30mm、厚さ2mm位のもので四つ折りにしてから入れます。駒は雑音止の上、弦と蛇皮の真ん中に立って置きます。

▲綿（控制・コンジーディーエン）：雑音を抑える為に、弦と皮の間に挟みます。

▲フェルトの場合は、四つ折りにしたものを弦と蛇皮の間に置きます。

☞ **ここがポイント** 蛇皮は駒の圧力で凹んでしまうこともあるので、長期間弾かない場合は、駒を胴体の枠（蛇皮の上）に移動するか、或いは二胡胴体と同じ長さの鉛筆を切って、駒の上方に置けば蛇皮の保護になります。

▲短く切った鉛筆を入れておくと良いでしょう。

チューニング(調弦)の仕方
TUNING

2本の弦を張り終えたら早速チューニングをしてみましょう。弦を押さえていない状態を"開放弦"といいます。開放弦のチューニングが合っていないと正しい音程を弾くことが出来ません。二胡を弾く前には毎回必ずチューニングをして下さい。

チューニングについて

外弦・内弦それぞれの開放弦の音を決まった音程に正しく合わせることをチューニング(=調弦すること)といいます。チューナー、音叉、ピッチパイプ(調子笛)などを使ってチューニングすることが出来ますが、初心者の場合は、表示画面などがあり目で確かめられるチューナーがあると便利です。
チューニングは楽器演奏の基本です。初めのうちは、なかなか合わせにくいと思いますが、何度か合わせている内に自然と身に付くものです。正確に素早くチューニング出来るようにしましょう。

👆 ここがポイント

① チューニングする前に、駒が正しい位置にあることを確認下さい。

② 細かく短い弓使いではなく、全弓 (→ P.26) で音を出してから糸巻を巻いていきましょう。

③ 音程が解らなくなった場合は、一度音程を下げて、低い音から再度調節しましょう。

④ 1度だけでは正確なチューニングが出来ないので、外弦→内弦→外弦→内弦と数回繰り返して正しくチューニングしましょう。

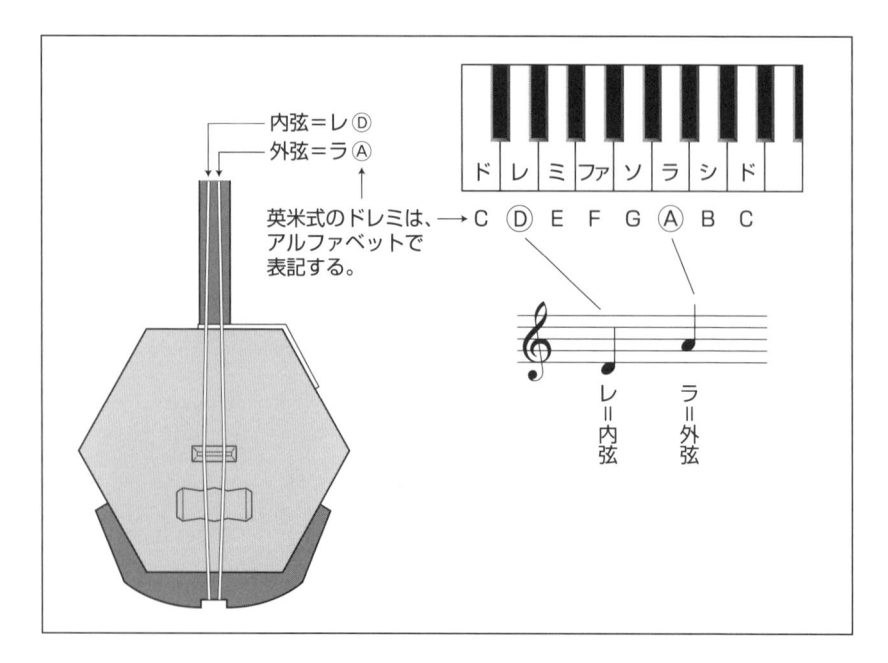

二胡の一般的なチューニングは、外弦がA音(ラ)内弦がD音(レ)に合わせます。

クリップ式チューナー

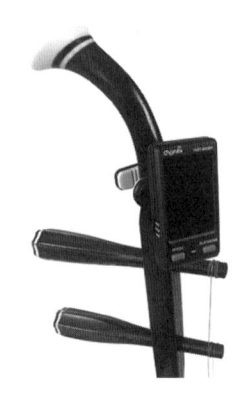

チューニングをしてみよう

チューナーを使ったチューニング

チューナーには様々な種類がありますが、特に高価な物を用意する必要はありません。大抵のチューナーはメーターで目で見て音の高低を確認できますので、初心者でも楽に合わせることができます。

チューニングする際は、始めに弦を弛めておき、弦をはじいてから少しずつ音程を上げていくのが原則です。
メーターを見ながら針が中心に来るように合わせていきますが、音程が上がりすぎた場合は、再度音程を下げた状態から、少しずつ上げて合わせます。

👉 **ここがポイント** ピアノのピッチ（基準音）は440Hzに基づいてチューニングするので、二胡のチューニングもそれに基づいて通常440Hzで合わせます。441Hz及び442Hzの場合もありますが、チューニングする前にチューナーは440〜442Hzに設定して下さい。
ピアノ等と合奏する場合は、その楽器に合わせましょう。

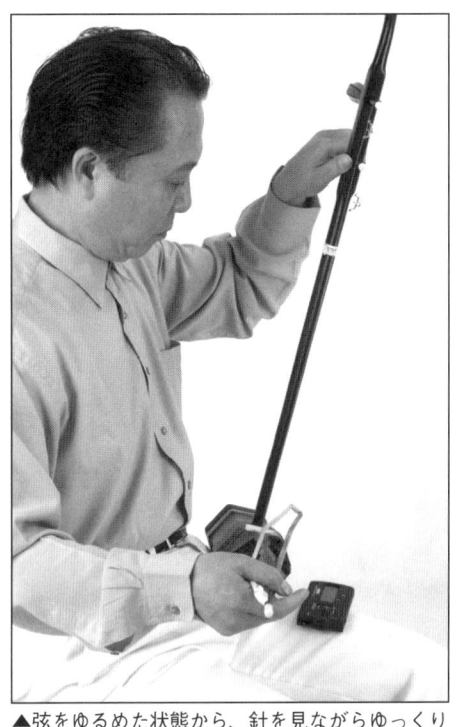

▲弦をゆるめた状態から、針を見ながらゆっくりと弦を巻いていきます。

糸巻の回し方

糸巻を回す時はグリップの部分だけを持つのではなく、安定させる為に写真のように棹の部分に親指を伸ばして握りながら回して下さい。

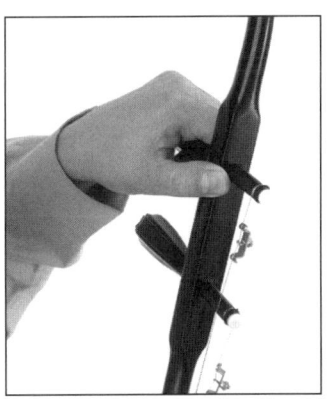 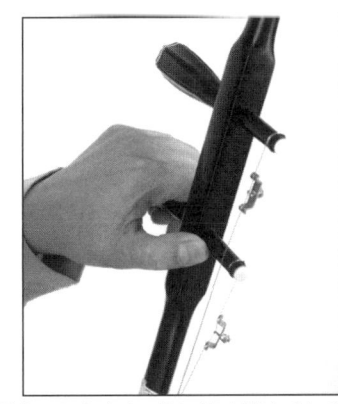

▲糸巻きを回すときは、棹に親指を添えておきます。弦に取り付けてある器具は微調器（アジャスター）で、より細かい調整ができます。

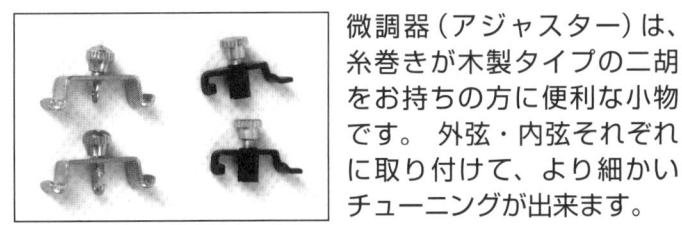

微調器（アジャスター）は、糸巻きが木製タイプの二胡をお持ちの方に便利な小物です。外弦・内弦それぞれに取り付けて、より細かいチューニングが出来ます。

▲弦に取り付けて微調整をします。

ピッチパイプ（調子笛）を使ったチューニング

ピッチパイプ（調子笛）はハーモニカのように吹くと音がでるので、二胡の開放弦のA音「ラ」、D音「レ」それぞれの弦を弾いて同じ音になるように合わせます。

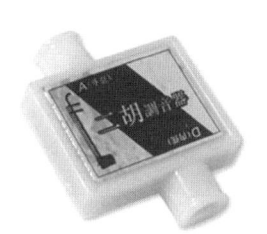

▲二胡専用のピッチパイプ。笛のように吹いて音を出します。

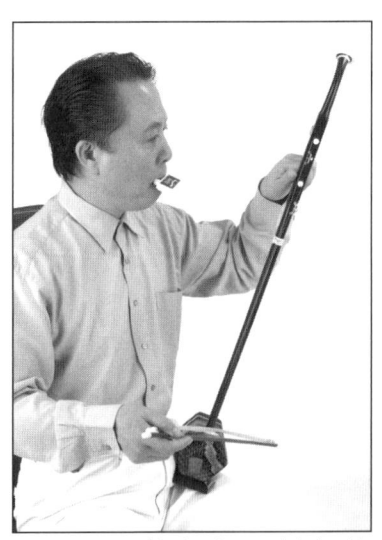

▲ピッチパイプをくわえて、吹きながら音を出し、その音に弦のチューニングを合わせます。

チューニングの原則

① 出来るだけ「耳」で合わせる

チューナーに頼りきりで合わせるのではなく、自分の音感を養うためにも、ひとつの弦が合ったと思ったら、残りの弦は極力自分の耳で合わせましょう。

② 音を一度下げてから、ゆっくりと上げていきます。

弦楽器は弦を巻き上げている構造なので、そのまま放っておくと自然に緩まり、音程が下がっていきます。チューニングをしている時に「上がりすぎたかな？」と思ったら、必ず合わせたい音程よりゆるめて、もう一度上げながら合わせましょう。

③ こまめにチューニングする

演奏や練習する時間にもよりますが、チューニングは常に合っているか確認するようにしましょう。音程が合わない状態では、音感も鈍りますし、何よりも弾いていて気持ちが悪いものです。

チューニングの確認・微調整

一度チューニングを合わせたら、各弦とも正確にチューニングされているかどうかを確認して調整します。特に、古くなった弦や、新しく交換したばかりの弦はチューニングが安定しません。こまめにチューニングをしましょう。

玉龍雪山遠眺（中国・雲南）撮影：武 楽群

音を出してみよう

LET'S PLAYING

チューニングが出来たら、音を出してみましょう。演奏姿勢は音の出し方に大きな影響を与えるので、まず正しく二胡を構えることをマスターしましょう。

演奏姿勢

安定した適度の高さの椅子に座り、両足は自然に開いて上半身は背筋を伸ばし、両肩を水平にします。目線は前方を見るか楽譜を見て下さい。

二胡の胴敷を左太股の付け根に置き、棹を少し前に傾けます。共鳴胴の側面は左太股付け根のラインと同じ方向で、蛇皮の面を少し前に出し、左手の親指と人差指で棹の上駒の下を持って、右手で弓を持ちます。

▲背筋を真っ直ぐに伸ばして、両肩を水平にします。椅子の高さはつま先立たないように、両足のかかとが着くものを使用しましょう。

▲左足の付け根に胴敷を置き、棹を少し前に傾けます。両腕は自由に動かせるように、ゆったりと構えましょう。

ここがポイント　上体は背筋を真っ直ぐに伸ばします。肩を傾けたり、胸を張ったり、背中を丸めたり、お腹を出したり、棹を前後左右に揺らしたりしないように注意しましょう。

弓の持ち方

二胡の弓は、尾毛の部分で外弦・内弦を弾くため、通常の擦弦楽器（ヴァイオリンやチェロなど）と異なり、独特な弓の持ち方をします。特に二胡の演奏では重要なポイントなので、正しい持ち方・弾き方をマスターしましょう。

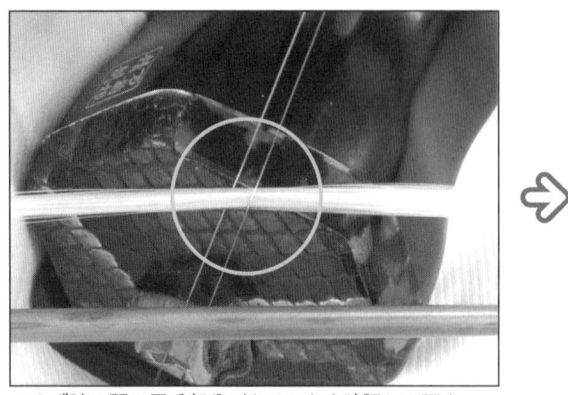

▲まず弦の間に尾毛部分があることを確認して下さい。

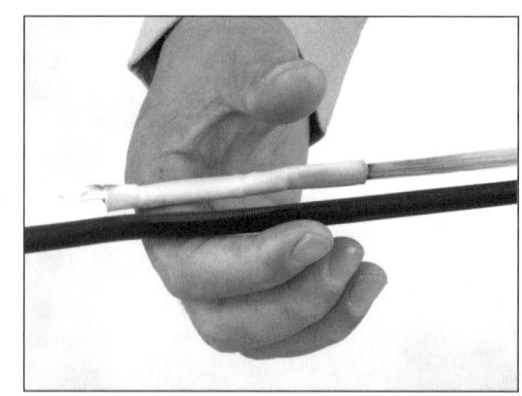

▲右手の掌を左向きにして力を抜き、自然に指を丸めた状態で人差指の第二関節の上に、尾毛の部分を自分に向けた状態で弓の竹の部分を置きます。

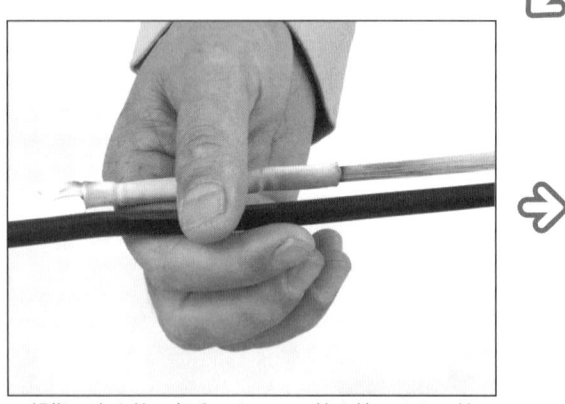

▲親指の腹を竹の部分にあてて、箸を持つように挟みます。

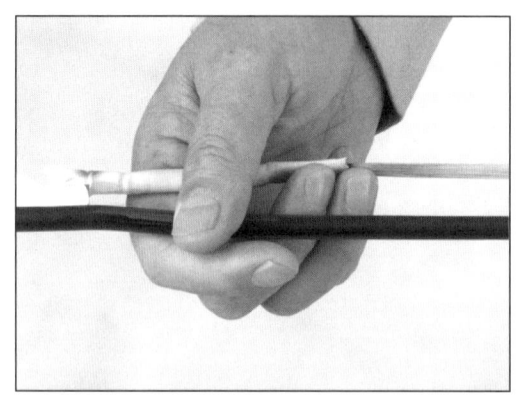

▲中指と薬指は弓の棹と尾毛の間に入れ、中指の第一関節と薬指も添えて指先で尾毛に当てます。小指は自然に置いたままです。

弦の当て方

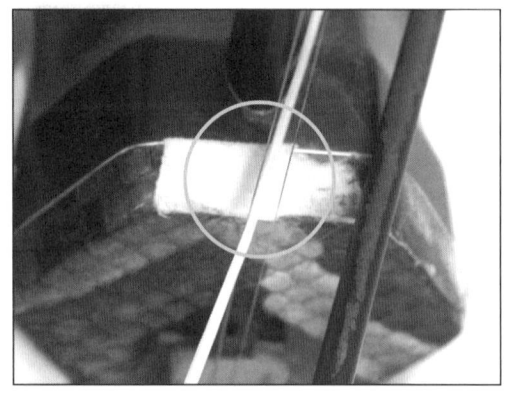

内弦：尾毛の間に入れた指で尾毛を押して、尾毛の外側（自分側）で弾きます。

外弦：親指と人差し指で弓の竹を外に当て、尾毛の内側（竹側）で弾きます。

弓の基本動作

ボーイング記号

⊓ …… ダウン・ボウ

肩・肘・手首など、余計な力を入れずにリラックスして、元弓から先弓まで水平を保った状態で動かします。

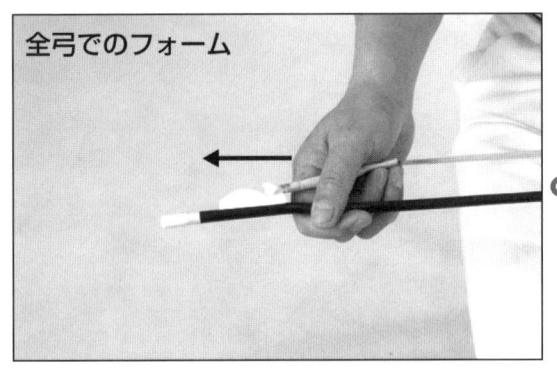

▲全弓での弾き始め：肩、肘、手首の力を抜いて、写真のようなフォームで元弓で弦を当て、先弓までゆっくりと水平を保ったまま弾きます。

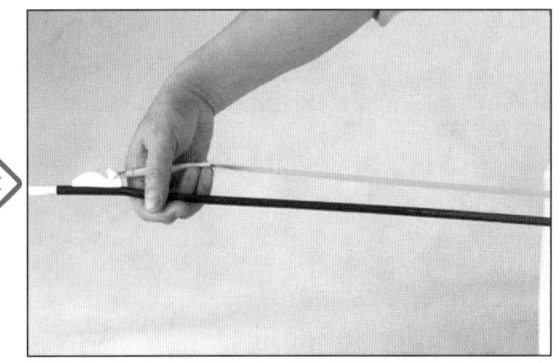

▲中弓から先弓：手首は弓の動きに併せて自然に内側に曲げます。

Ⅴ …… アップ・ボウ

先弓から元弓まで、ダウン・ボウと同じく、肩・肘・手首など、余計な力を抜いて手を動かします。弦にあてる力の入れ具合と弾くスピードで音に変化がでます。

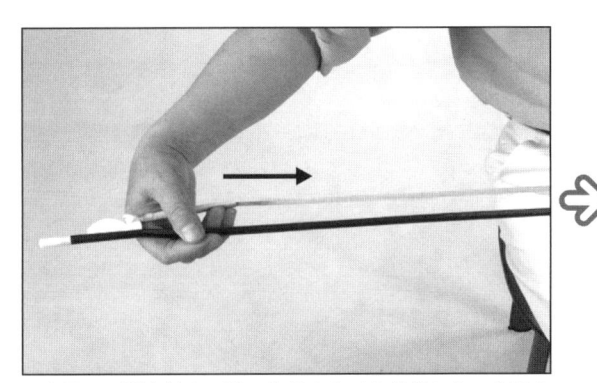

▲全弓での弾き始め：弦に先弓をあてた状態から、水平を保ったまま動かします。

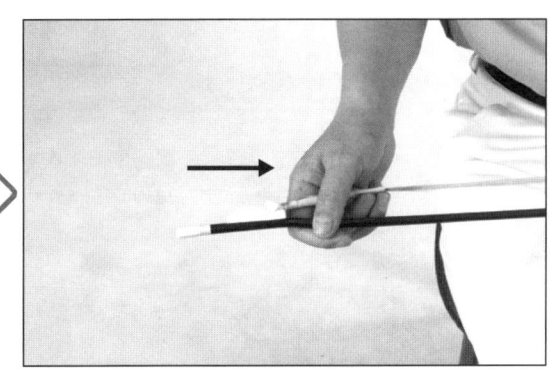

▲中弓から元弓：手首は弓の動きに併せて自然に甲の側に曲げます。

☞ **ここがポイント** 初心者の方は、弓を持った手が硬くなり余計な力を入れがちになります。力を抜いてリラックスした状態で軽く弦に当てて下さい。左手は持っている棹がぶれないように正しい姿勢で弾いて下さい。弓の尾毛の張り具合は、手元部分のネジで調整できますので、何度か弾いてみて、しっくりとこないようでしたら自分に合った張力に調整してみて下さい。

左手のフォーム

二胡はヴァイオリンやギターのように指板やフレットが無く、弦と棹の間の空間で音程をとるため、左手の正しいフォームと弦の押さえ方がとても重要です。

正しいフォーム

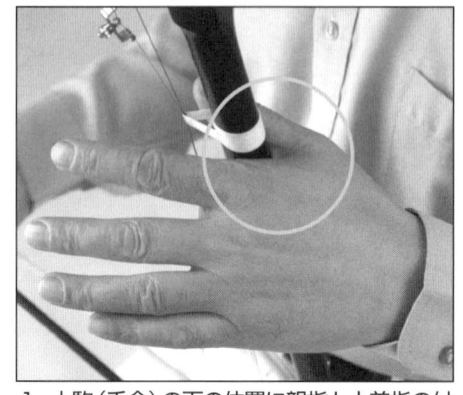

1, 上駒（千金）の下の位置に親指と人差指の付け根を当てて棹を軽く挟みます。

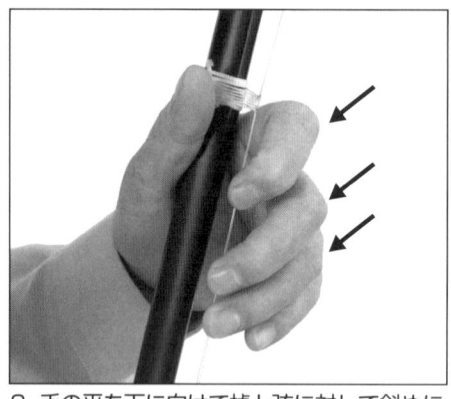

2, 手の平を下に向けて棹と弦に対して斜めになるようにして、指先で弦を押さえます。押さえた弦は棹に付けません。

3, 脇はゆったりと構えて、棹と手の甲の角度が約45°になるように構えます。

悪い例

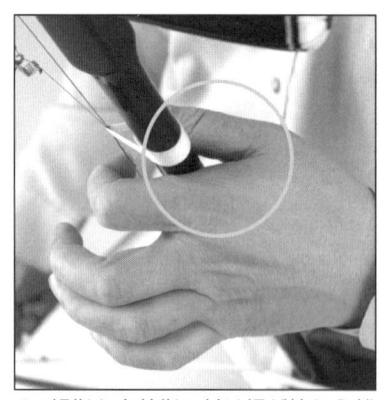

1, 親指と人差指の付け根が棹から離れています。

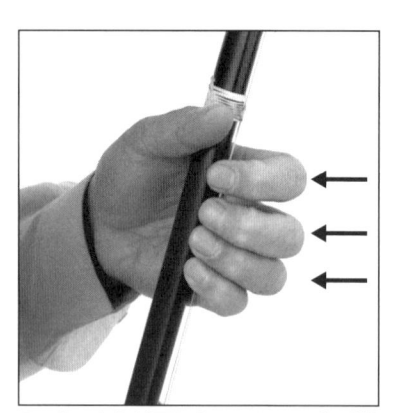

2, 手のひらが下を向いてなく、指が横になっています。

3, 肘が上がりすぎたり、脇を締めすぎてはいけません。

弦の正しい押さえ方

［左手の指番号］

弦を押さえる指は、人差指から順番に "一、二、三、四" と数字譜の上に漢数字で指示されてます。何も押さえないことを「開放弦」と呼び、本書では " 凸 " で表示されています。

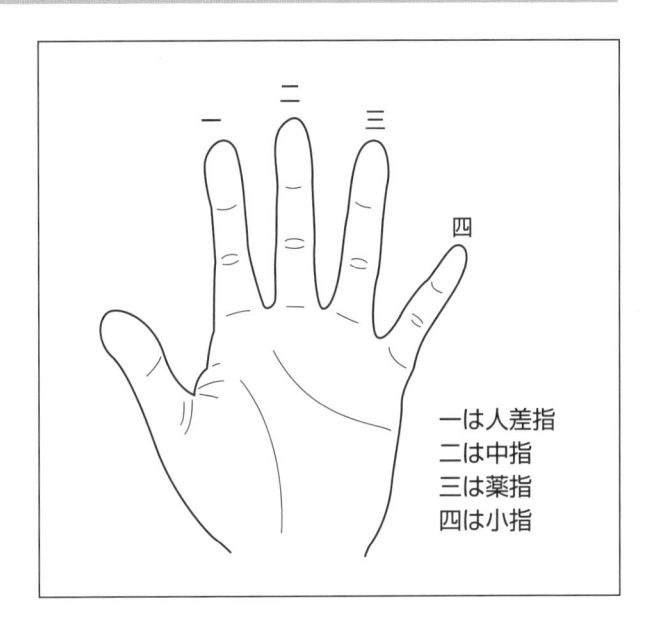

一は人差指
二は中指
三は薬指
四は小指

凸 …… 開放弦（何も押さえない状態）
（開放は数字譜では " 凸 " 又は " 0 " と表します。）
一 …… 人差指
二 …… 中指
三 …… 薬指
四 …… 小指

一の指から四の指まで押さえてみましょう

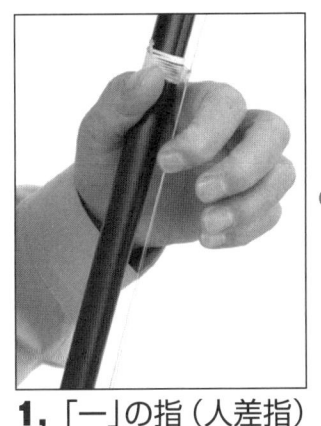

1, 「一」の指（人差指）

2, 「二」の指（中指）

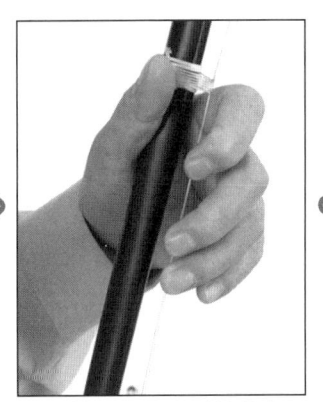

3, 「三」の指（薬指）

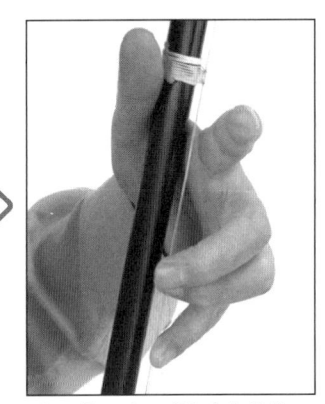

4, 「四」の指（小指）

 ここがポイント　保留指：写真のように音程が上がる都度、ひとつ上の指を押さえたままにすることを "保留指" といいます。指と指の間隔を覚えて保留指をマスターすることにより正しい運指を行うことが出来ます。小指は例外で、保留指を置かなくても構いません。

悪い例

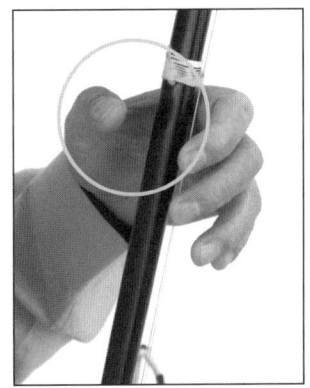
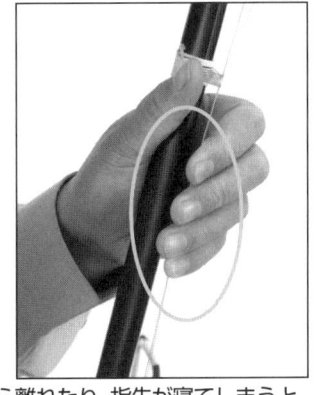

▲親指と人差指の付け根が棹から離れたり、指先が寝てしまうと、左手が硬くなり、綺麗な音を出すことができません。

ここをチェック

1, 胴体（共鳴胴）は常に同じ位置に置いて、前後左右に滑って動かないように固定します。

2, 肩や肘に力を入れずに、棹を軽く持ちます。

3, 各指の関節を丸めて、指先の関節を寝かさずに曲げて立たせ、正面から見たときに指が斜めにすることが大切です。

運弓（ボーイング）

BOWING

二胡は、右手に持った弓で弦を摩擦して発音する構造なので、良い音色を出すためには、右手の運弓（ボーイング）がとても重要です。特に、初めは左手の音程をとることが難しく、ボーイングがおろそかになりがちなので充分練習しましょう。

弓の分段

弓は先の方を"先弓"、手元の方を"元弓"と呼びます。先弓から元弓までを使って弾くことを"全弓"といい、弓の弾く位置によって下記のように分段されます。
二胡の演奏では、この弓の弾く位置と強弱によって表現力やメリハリが左右されます。

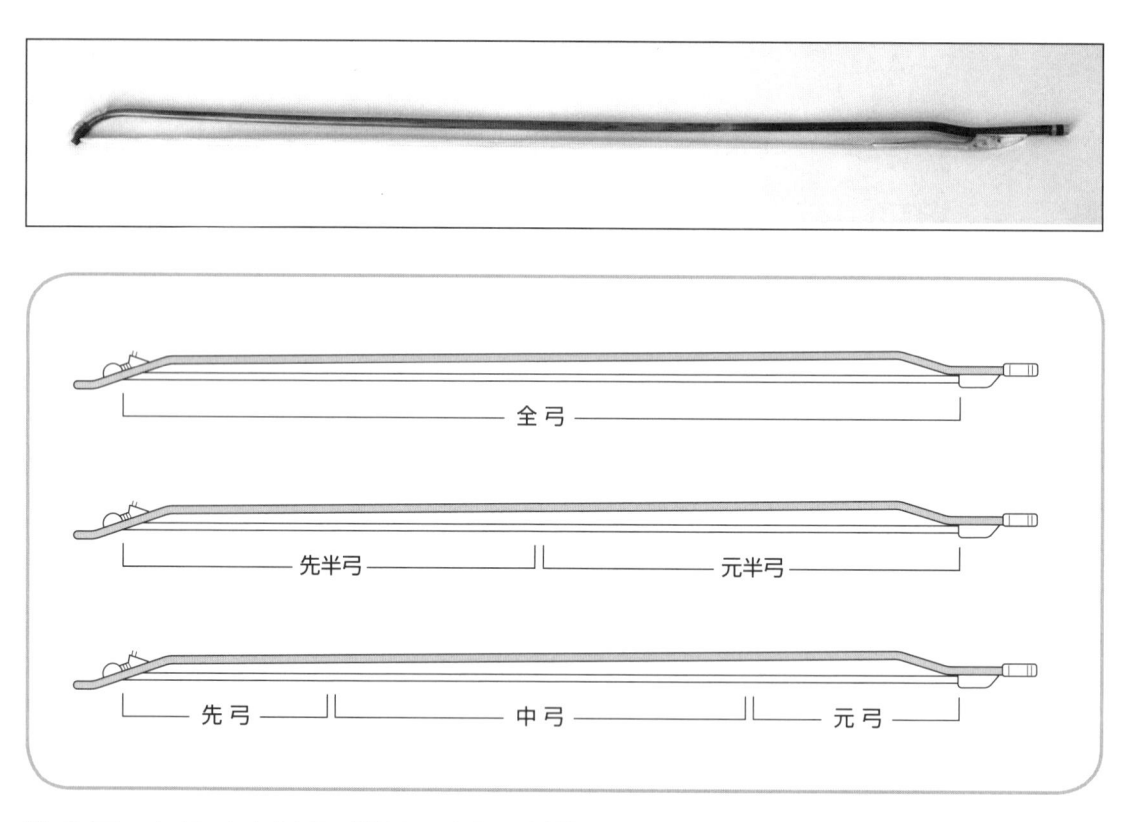

① **全弓**：なるべく全弓で弾けるように練習しましょう。
② **先弓**：コントロールするのが難しく、音量も小さくなりがちです。少し強めに弾きます。
③ **元弓**：手元に近く力が入りやすく、雑音が出やすいので少し弱めるようにします。
④ **中弓**：この部分が一番安定して弾きやすい箇所です。

［ボーイングの3大ポイント］

美しい音色を出すために、ボーイングでは下記の3つの原則をしっかりと身につけて下さい。

平

約**90°**

弓を弦に対して垂直に当て、弓を上下させずに、琴胴と並行になるように左右に動かします。

直

運弓の際に、前後にぶれないように注意して、左右に真っ直ぐ並行移動させます。

安定

弓が共鳴胴から離れないように弓の棹・尾毛ともに共鳴胴に付けて安定した運弓をします。

悪い例

弓先が上がりすぎています。

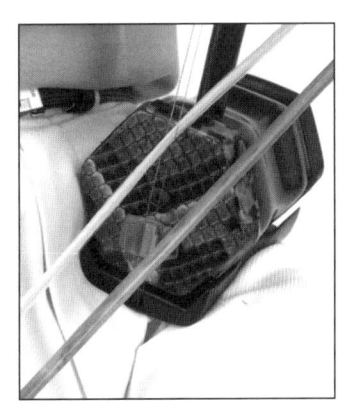

元弓が下がりすぎています。

弓が琴胴から離れて上に浮かんでいます。

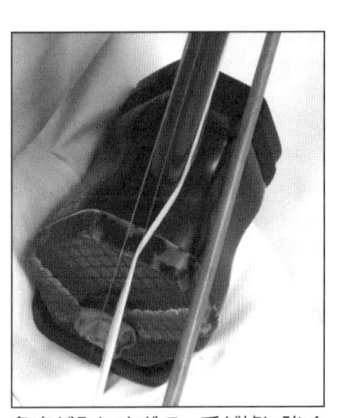

角度が入りすぎて、毛が棹に強く当たっています。

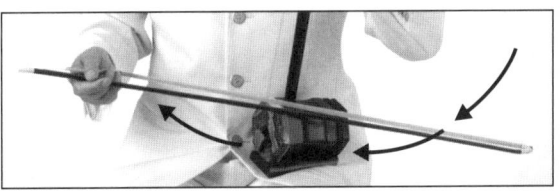

弓の動きが弧を描くような運弓をしないように、水平に真っ直ぐ移動させましょう。

なるほど！

プロ演奏家の二胡を見ると、共鳴胴の上部、弓の当たる箇所に白いテープが貼ってあるのをよく見かけます。
これは、弓が滑らないようにするためと"より擦れる"ようにする為で、はがしやすいように布絆創膏などがよく使用されます。

［音程の取り方］

二胡はギターなどのようにフレットがなく、ヴァイオリンのように指板に弦を押し付ける楽器ではないので、弦と棹の空間で音程をとるため、左手の正しいフォームと、正確な弦の押さえ方がとても重要です。
始めから弦を押さえて音を出す前に、開放弦でのボーイングで、安定した音が出せるまで練習して下さい。

数字譜の基礎知識

SCORE KNOWLEDGE

二胡の楽譜には、五線譜の他に五線譜を数字に置き換えた"数字譜"という記譜方法を通常に使用します。始めの内は戸惑うかも知れませんが、慣れてしまうと非常に使いやすく、特に音符が苦手な方や、始めて楽器に触れる方には簡単でとても便利なものです。

数字譜の読み方

数字譜は音階の「ド・レ・ミ・ファ・ソ・ラ・シ・ド」を数字に置き換えて「1・2・3・4・5・6・7」で表します。1オクターブ高い音は数字の上に"・"を付け、1オクターブ低い場合は数字の下に"・"を付けます。「0」は休符を表します。

"調（key）"を表します。この場合、「**1＝C**」はド＝Cの意味なので、C調になります。

上記の五線譜の対応表のように、「1＝C」とある場合は、数字譜の「1」が音名の「ド」という指示で、日本語名では「ハ」ということになり、「C調」（ハ長調）という意味になります。
「C調」（ハ長調）は鍵盤で表すと右のようになります。

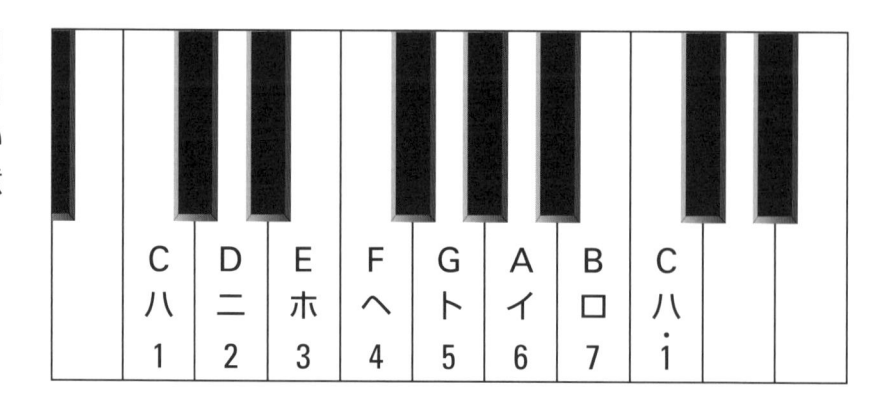

ここがポイント 　1オクターブ＝ある音から8番目の音という意味で、数字譜で1のオクターブ上は i ということになります。

スケール（音階）について

ある中心になる音からオクターブ上、あるいは下の同じ音まで、一定の音程の関係で配列してものを「**スケール（音階）**」といいます。

前ページの譜例に枠で囲われた部分の「C（ド）」音からオクターブ上の「C（ド）」の部分を抜き出すと、下の図のようになります。このようにメインになる C 音を「**主音**」と呼び、この C から C までを「**C メジャー・スケール**」（長音階）といいます。

```
C   D   E   F   G   A   B   C
1   2   3   4   5   6   7   i
```

この C ＝ 1 からオクターブ上の C ＝ i の中には「3（E ＝ミ）と 4（F ＝ファ）」や「7（B ＝シ）と i（C ＝ド）」の音の高さが "半音" の関係にある音があり、それ以外は "全音" です。この半音の位置により、長音階と短音階とに分けられます。

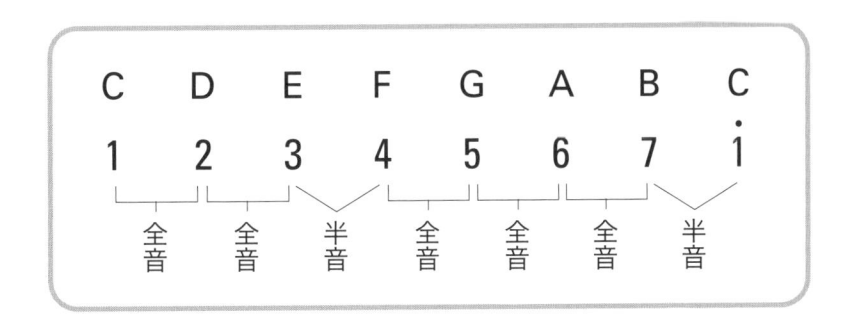

C調の五線譜と数字譜の関係を確認してみましょう。

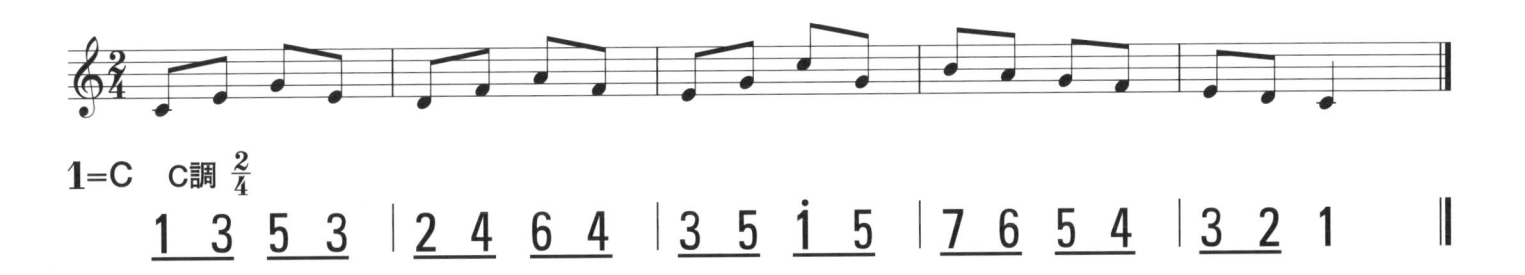

ここがポイント 全音＝半音二つからなる音程で、長 2 度に相当します。
半音＝全音の 2 分の 1 の音程で、短 2 度音程です。
スケールには沢山の種類があり、二胡ではいくつかの調が使われますが、主に D 調と G 調が多く使われます。

"移動ド"について

同じ「ドレミ」でも、"音名"として使われる場合と"階名"として使われる場合があります。音名は「固定ド」で、階名は**移動ド**と覚えて下さい。
ある長調の主音を[ド]とみなし、短調の場合は主音を[ラ]とみなす事です。

> 1=D　は　D調(Dの音階)で(D=レ)の音を[ド]とします。
> 1=G　は　G調(Gの音階)で(G=ソ)の音を[ド]とします。

次にD調「1=D」について説明しましょう。D調の場合は「1=ド」の音の高さはDと同じで、五線譜と数字譜の対照は下記のようになります。

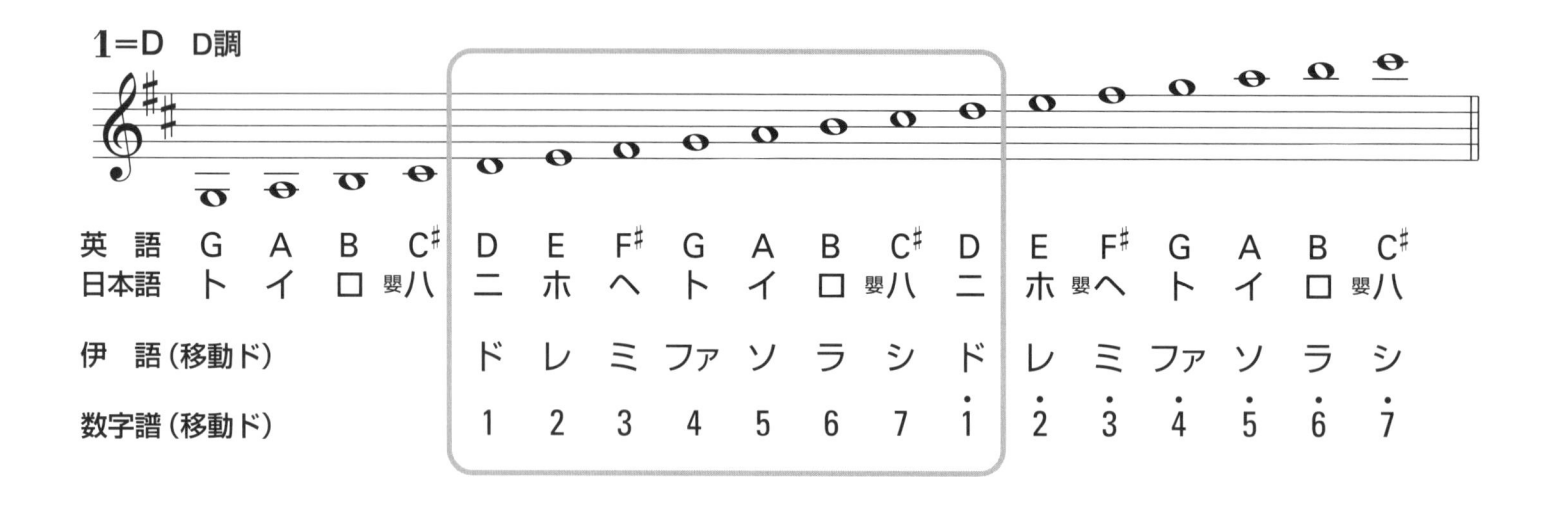

英　語	G	A	B	C♯	D	E	F♯	G	A	B	C♯	D	E	F♯	G	A	B	C♯
日本語	ト	イ	ロ	嬰ハ	ニ	ホ	ヘ	ト	イ	ロ	嬰ハ	ニ	ホ	嬰ヘ	ト	イ	ロ	嬰ハ
伊　語（移動ド）					ド	レ	ミ	ファ	ソ	ラ	シ	ド	レ	ミ	ファ	ソ	ラ	シ
数字譜（移動ド）					1	2	3	4	5	6	7	1	2	3	4	5	6	7

「1=D」なので、数字譜の「1」が音名の「ド」という指示で、日本語名では「ニ」ということになり、「D調」(二長調)という意味になります。
「D調」(二長調)は鍵盤で表すと右のようになります。

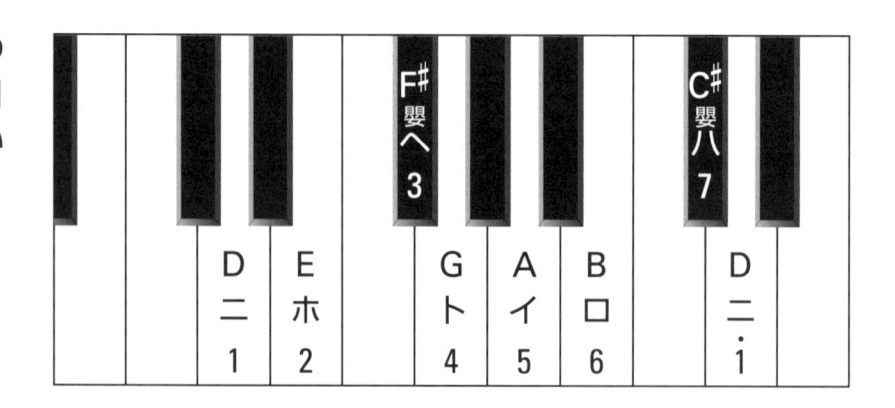

👆 **ここがポイント**　「D調」は「3(ミ)＝F♯」「7(シ)＝C♯」なので、「1(ド)」の音階がDに変わっても「3(ミ)」と「4(ファ)」及び「7(シ)」と「i(ド)」の音程関係は半音になり、「1(ド)2(レ)3(ミ)」と「4(ファ)5(ソ)6(ラ)7(シ)」の音程関係は全音に変化しました。
五線譜で表すとC長調とD長調の「ド」(数字譜の1)の位置が違っていますが、数字譜の場合は「1・2・3・4・5・6・7」のみを使用して「1＝C」と「1＝D」を表記して区別します。つまり、どんな調でも七つの数字を使って表示出来るのです。

C調「1＝C」やD調「1＝D」以外に、本書では下記の調も使われるので覚えておきましょう。

1＝G　G調

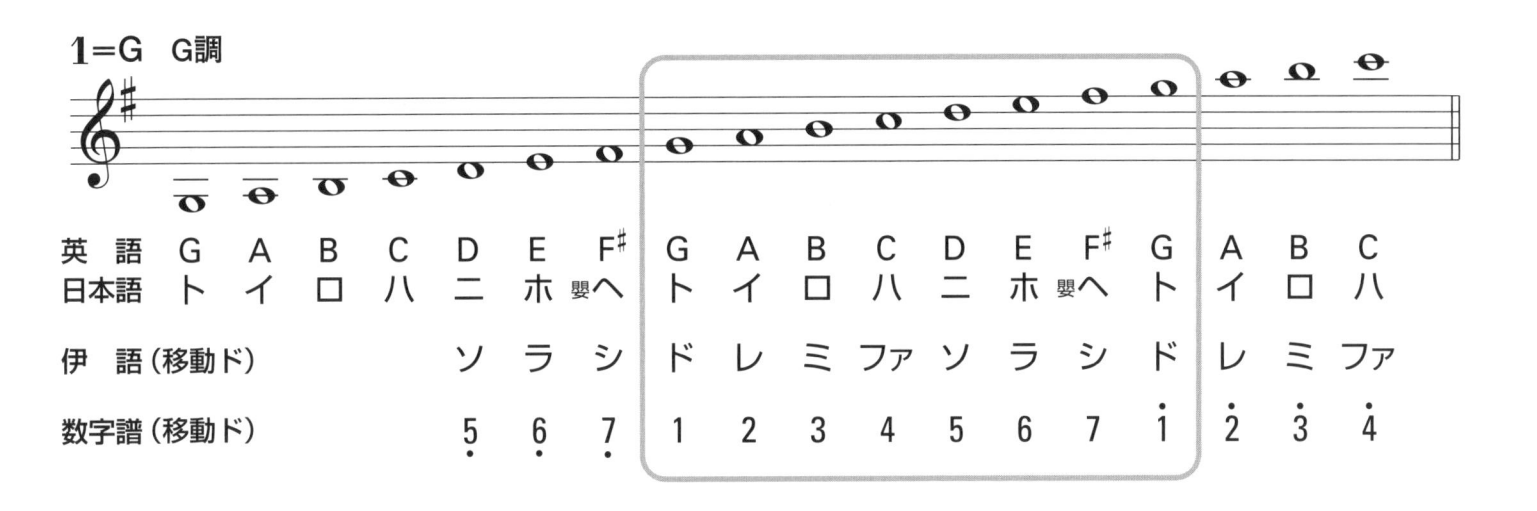

英語	G	A	B	C	D	E	F#	G	A	B	C	D	E	F#	G	A	B	C
日本語	ト	イ	ロ	ハ	ニ	ホ	嬰ヘ	ト	イ	ロ	ハ	ニ	ホ	嬰ヘ	ト	イ	ロ	ハ
伊 語（移動ド）			ソ	ラ	シ	ド	レ	ミ	ファ	ソ	ラ	シ	ド	レ	ミ	ファ
数字譜（移動ド）			5̣	6̣	7̣	1	2	3	4	5	6	7	1̇	2̇	3̇	4̇

1＝F　F調

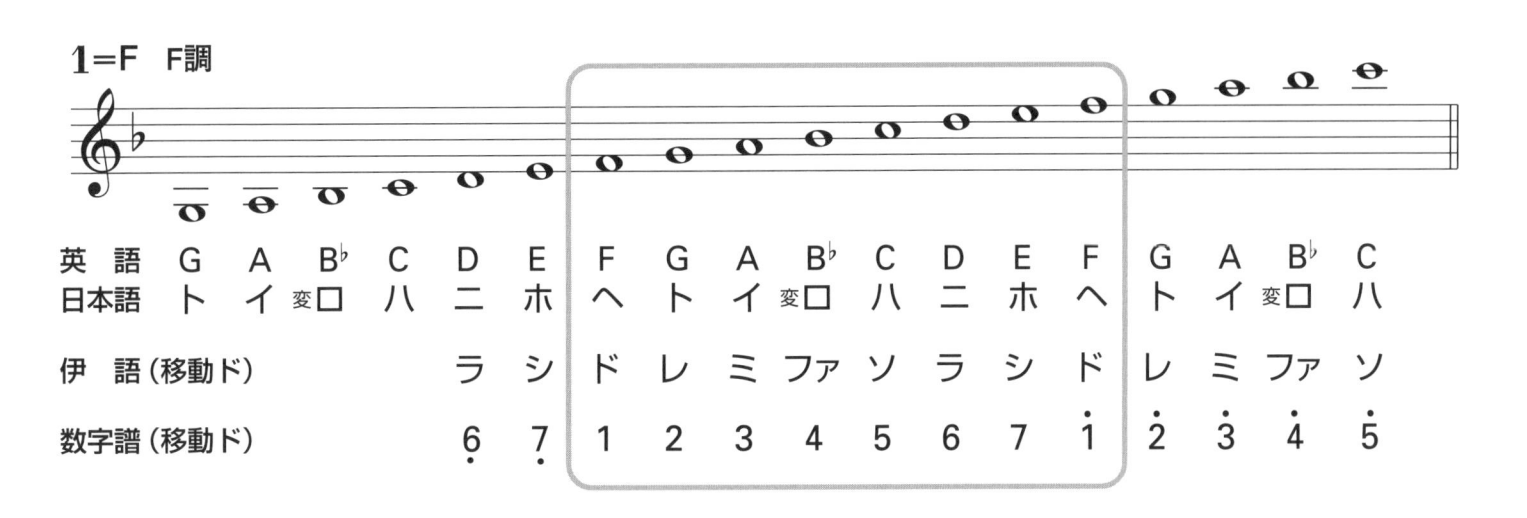

英語	G	A	B♭	C	D	E	F	G	A	B♭	C	D	E	F	G	A	B♭	C
日本語	ト	イ	変ロ	ハ	ニ	ホ	ヘ	ト	イ	変ロ	ハ	ニ	ホ	ヘ	ト	イ	変ロ	ハ
伊 語（移動ド）			ラ	シ	ド	レ	ミ	ファ	ソ	ラ	シ	ド	レ	ミ	ファ	ソ
数字譜（移動ド）			6̣	7̣	1	2	3	4	5	6	7	1̇	2̇	3̇	4̇	5̇

1＝B♭　B♭調

英語	G	A	B♭	C	D	E♭	F	G	A	B♭	C	D	E♭	F	G	A	B♭	C
日本語	ト	イ	変ロ	ハ	ニ	変ホ	ヘ	ト	イ	変ロ	ハ	ニ	変ホ	ヘ	ト	イ	変ロ	ハ
伊 語			ミ	ファ	ソ	ラ	シ	ド	レ	ミ	ファ	ソ	ラ	シ	ド	レ
数字譜			3̣	4̣	5̣	6̣	7̣	1	2	3	4	5	6	7	1̇	2̇

あると便利な二胡グッズ

メンテナンス用品や小物など、大切な楽器を末永く愛用するためのグッズを紹介します。

二胡チューナー

二胡本体につけてチューニングするクリップが付いたチューナーです。

二胡弦

弦の耐用期間はおおよそ『半年〜1年』ほどですので、定期的に交換をすることが必要です。

松脂

弓の摩擦を得るために松脂は絶対欠かせません。練習の前に、毎回弓につけてください。

滑り止め

胡の胴敷（琴托）の底面に貼り付けます。練習中に二胡が動いて気になる方にオススメです。

二胡用台座金具

ベルトやズボンに直接掛け、立って演奏することのできる台座金具です。

二胡弱音器

周りを気にせず二胡を思う存分弾くことが出きます。駒に挟むだけの優れもの！

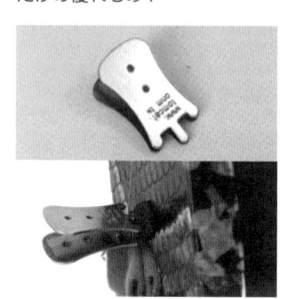

微調整金具

チューニングの微調整用金具です。

二胡用クリップマイク

他の楽器との共演やレコーディングなどで音量を増幅出来る二胡専用クリップマイクです。

二胡用スタンド

大切な二胡を転倒から保護する二胡専用のスタンドです。分解できますので、使用しない時は専用の袋に入れてコンパクトに収納できます。

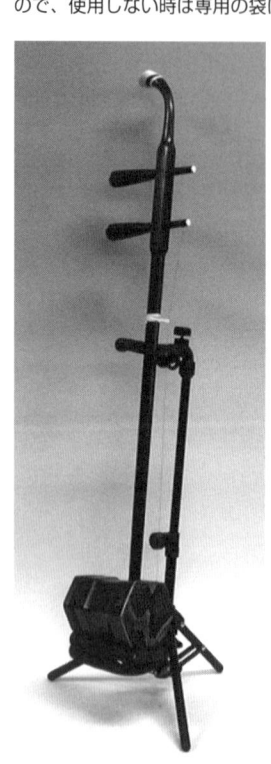

肩掛け式セミ・ハード・ケース

大切な二胡を保護するケースは頑丈で、持ち運びにも便利な物を選びましょう。

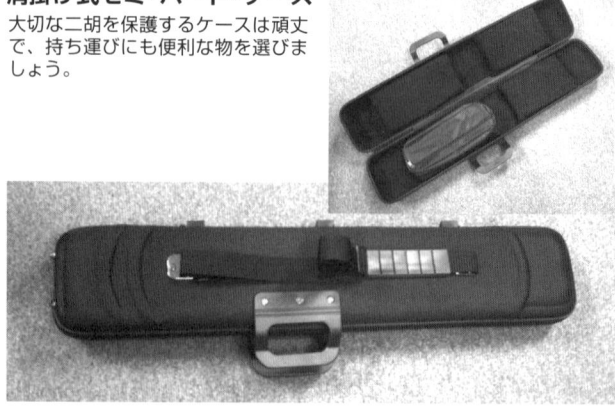

ソフト・ケース

便利な小物入れの付いたケースです。

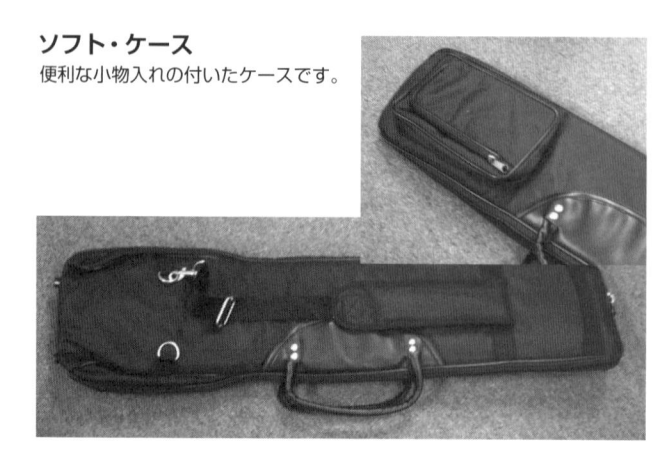

五線譜と数字譜の対照表

数字譜は図のように、通常の五線譜に表される音を数字で表し、音価（音符一個の音の長さ）は横線を数字の右横、又は下に表します。休符は数字の"0"で表します。

音 符

名　称	五 線 楽 譜	数 字 楽 譜	長　さ
全 音 符	𝅝	1 － － －	4 拍
二分音符	𝅗𝅥	1 －	2 拍
四分音符	♩	1	1 拍
八分音符	♪	1	1/2 拍
十六分音符	♬	1	1/4 拍
三十二分音符	𝅘𝅥𝅲	1	1/8 拍

休 符

名　称	五 線 楽 譜	数 字 楽 譜	長　さ
全 休 符	▬	0　0　0　0	4 拍
二分休符	▬	0　0	2 拍
四分休符	𝄽	0	1 拍
八分休符	𝄾	0	1/2 拍
十六分休符	𝄿	0	1/4 拍
三十二分休符	𝅀	0	1/8 拍

常用記号

二胡を演奏する際に数字譜上に表される主な記号です。基本的な記号は通常の五線譜に記される記号と同じですが、数字譜独特の記号もありますので必要に応じて覚えて下さい。

記　号	名　称	意　　　　味
⊓	ダウン	弓は左から右へ
∨	アップ	弓は右から左へ
内	内弦	太い弦
外	外弦	細い弦
⊔	開放弦	左手の指で弦を押さない状態
一	一指	人差指（左手のみ）
二	二指	中指（左手のみ）
三	三指	薬指（左手のみ）
四	四指	小指（左手のみ）
⌢	スラー	記号内の音をダウン或いはアップで一回だけ弾く
⌐3⌐	三連符	1拍を3等分に分け3つの音符の長さは同じ
tr	トリル	元音長さの範囲内で、2度以上の音を速やかに繰返す
∿　∿	モルデント	元音の前に2つ音を速く付加える
⇢　⇢	滑音	1つの音から別の音へ滑りながら弾き変える
♯	シャープ	同一小節内の同じ音を半音上げる
♭	フラット	同一小節内の同じ音を半音下げる
♮	ナチュラル	♯及び♭された音を元に戻す
‖: :‖	反復記号	この記号で囲まれた部分を反復する
⌐1.⌐ ⌐2.⌐	かっこ	1回目は⌐1.⌐を演奏、2回目は⌐1.⌐をとばして⌐2.⌐を演奏
％D.S.	ダル・セーニョ	記号（％）のところまで戻る
⊕Coda	コーダ	to⊕からコーダ・マークに飛ぶ
D.C.	ダ・カーポ	始めに戻る
1＝D	調号	1（ド）の音の高さはDと同じ
（1　5弦）	調弦	内弦は1（ド）、外弦は5（ソ）で調弦
$\frac{2}{4}$	拍子記号	1小節に4分音符が2つ
○	ハーモニックス	倍音、弦を軽く押して、笛のような音を出すこと

 **ここがポイント**

開放弦（何も押さえない）記号は ⇨ 宀	4分音符を延ばす記号は「ー」 ⇨ 1 ー
8分音符は数字の下に下線1本 ⇨ 1	付点音符は数字の横に「・」 ⇨ 1・
16分音符は数字の下に下線1本 ⇨ 1	休符は数字の「0」で表します ⇨ 0

記 号	名 称	意 味
⌒	フェルマータ	維持を表して、通常より長くする
ー	テヌート	音の長さを十分に保つ
⪦	トレモロ	弓で急速にダウンとアップを繰返す
▼	ダッシュ	強く且つ短く
▽	跳弓	弓が跳ぶように演奏する
＞	アクセント	強くする
∨	呼吸	呼吸のように1度停止
rall.	ラレンタンド	だんだん緩やかに
rit.	リタルダンド	だんだん遅く
a tempo	ア・テンポ	もとの速度で
riten.	リテヌート	すぐに遅く
accel.	アッチェレランド	だんだん速く
cresc.	クレッシェンド	だんだん強く
dim.	ディミヌエンド	だんだん弱く
p	ピアノ	弱く
pp	ピアニッシモ	より弱く
mp	メゾ・ピアノ	やや弱く
mf	メゾ・フォルテ	やや強く
f	フォルテ	強く
ff	フォルテッシモ	より強く
Arco	アルコ	弓で演奏
Pizz.	ピチカート	弓でなく、指ではじく

ポジション図解

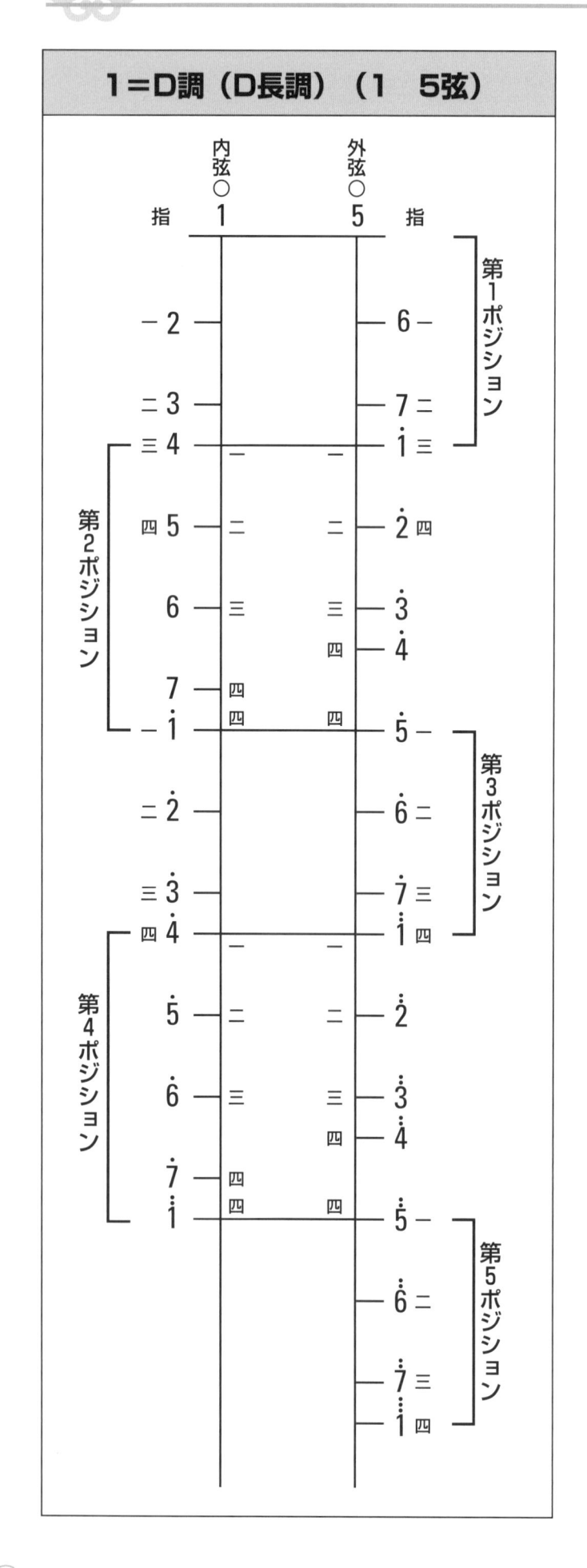

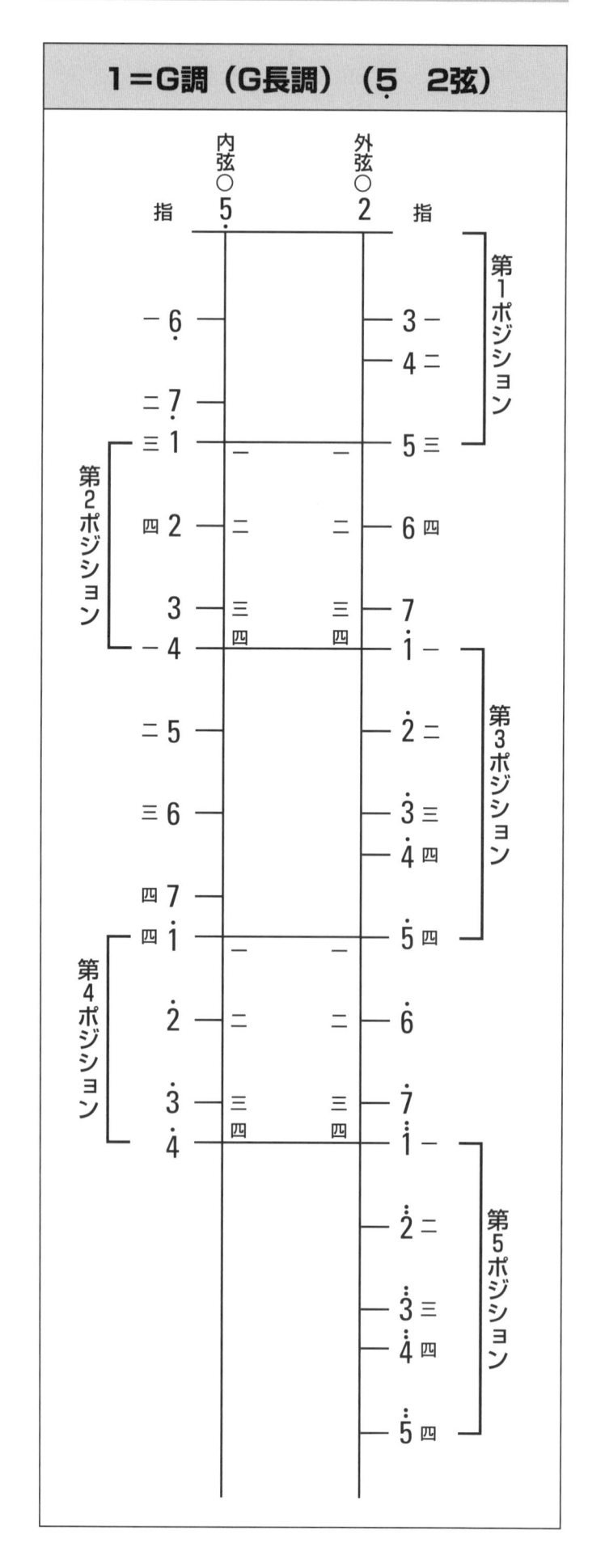

左指で押さえるポジションを各調別に図表で表してあります。1つの音ごとに1つのポジションとするヴァイオリンの技法に基づいた新しいポジションもあります。

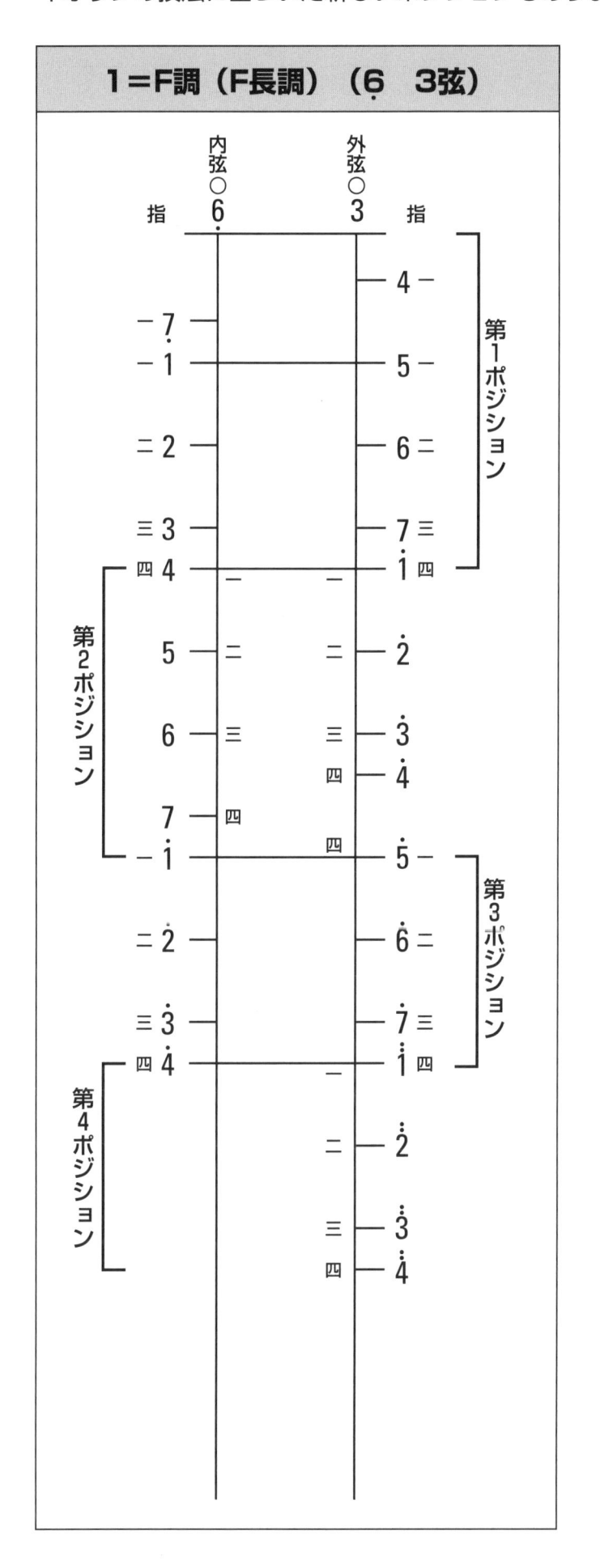

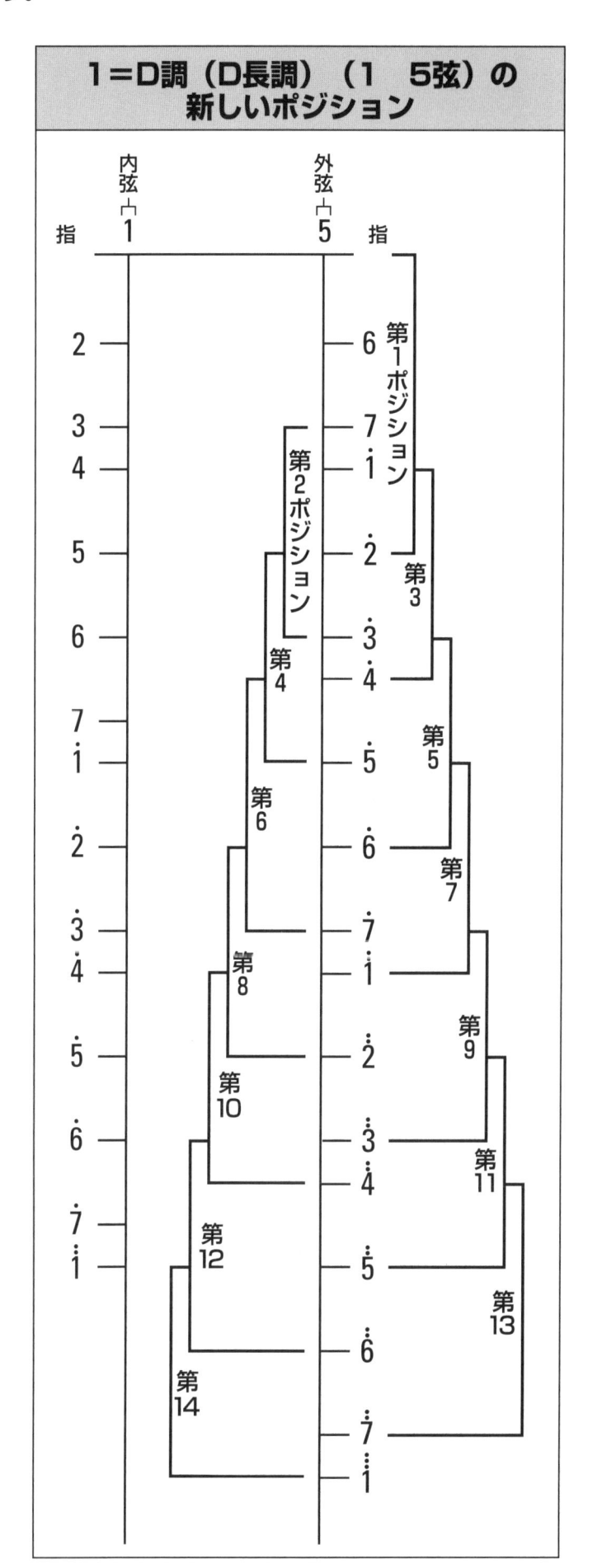

プロフィール

武 楽群 （WU LEQUN）

NPO法人日本二胡振興会名誉会長、中国音楽学院（大学）客員教授、中国音楽家協会二胡学会名誉理事、中国民族管弦楽学会胡琴専業委員会理事。

「二胡縁 in 東京」、「二胡縁 in 上海」、「二胡縁 in 北京」、「二胡縁 in フランス」など国際文化交流コンサートの総合プロデューサー。

香港、韓国、中国、日本で行った多くの国際コンクール審査委員。

銀座王子ホール「来日20周年記念リサイタル」、横浜赤レンガホール「潮風にのせて・開国博 Y 150 二胡コンサート」大阪オリエント楽友ホール「第三回・胡琴祭」など多くのコンサートに出演。紀尾井大ホール・六本木ヒルズアリーナ、文京シビックホールなどの東日本大震災チャリティーコンサートにも積極的に参加。

著書《日本人のための二胡教則本》、《CD 模範演奏＆カラオケ付二胡で奏でる名曲集》、《二胡で奏でるモーツァルト模範演奏＆カラオケ CD 付》、《絶対二胡で弾きたい！POPS30 曲》、《絶対二胡で弾きたい！クラシック 38 曲》、絶対二胡で弾きたい！昭和のうた 50 曲》、《絶対二胡で弾きたい！スタジオジブリ 40 曲》など多くの著作は日本全国で好評発売中。CD《宵待草》、《草原情歌》、《神田川》、《蘇州夜曲》、《地上の星》、《見上げてごらん夜の星を》など多数リリース。

美術家として世界で活躍。「2008 年北京オリンピック美術展覧会」、「2012 年ロンドンオリンピック美術大会」、「2016 年リオオリンピック美術大会」、マレーシア、韓国、フランス、中国で開催された美術展に入選、個人美術展覧会なども開催。

村山祐季子 ●アレンジ＆ピアノ伴奏

国立音楽大学卒業。2002 年ポプラ社絵本作曲コンクールグランプリ受賞。以後多数の絵本作家と共演し絵本と音楽のコラボレーションを展開。主な音楽作品「葉っぱのフレディ」「1000 の風 1000 のチェロ」「クマと森のピアノ」他。「がんばれ！ルルロロ」（NHK E テレアニメ）、ぽすくま（日本郵便キャラクターアニメ）、「ジャッキー」（くまのがっこうミュージカル）、絵本「森のオーケストラ」（冨山房インターナショナル）「みんなのどうようえほん」（コスミック出版）CD「くまのがっこうわくわく応援シリーズ」（キングレコード）他多数。青山学院大学他専任講師。ゆきこミュージックスタジオ主宰。

猪早 巧 ●アレンジ、ウクレレ、パーカッション

1972 年生まれ。札幌出身幼少期から高校時代までピアノ・フォーク・ギター・バンド活動で音楽活動に励む。高校卒業後 DTM による作曲活動をスタート。1998 年より TV・ラジオの CM、企業 VP、BGM、イベント音楽、法人企業の HP 用音源や、映画・舞台劇伴、等、幅広い分野で作曲・編曲を担当。近年は主にヒーリングミュージックの分野で活動し、またハワイアン・ミュージック、ウクレレ演奏に注力し活動中。2019 年ザ・ウクレレコンテスト 4ALL 部門入賞。TAKMIX ヒーリングミュージック主宰。

河野利昭 ●レコーディング・エンジニア

1985 年からサックス奏者としてスタートして、矢沢永吉、葛城ユキ、南こうせつ等、多数のアーティストのステージやレコーディングに参加。その後アレンジャー、サウンド・プロデュース、音楽専門学校講師を併行し、サックスの教則本等執筆。2002 年より自身のレコーディング・スタジオ studio move705 を立ち上げ、レコーディング・エンジニアとしてアーティストの原盤制作、ラジオ収録、教育関係出版物の編集、レコーディングやマスタリングを行う。studio move705 代表。

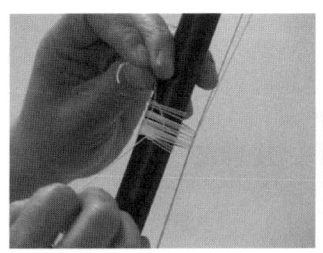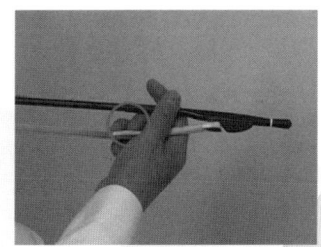

［ご注意］付属CDの取り出し方

付属の CD（コンパクト・ディスク）は下記の方法で取り出してください。
開封出来ない場合は、無理に破いたりしないようお願い致します。

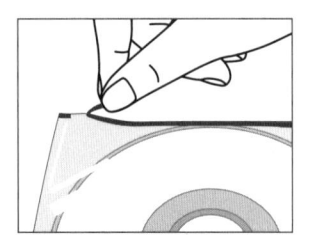

CDの入っている不織布ケース
の上部にある赤いテープをつ
まんで右に引っ張ります。
（開封時、及び開封後のディスク
のみの交換は著作権上致しかねま
すのでご了承下さい。）

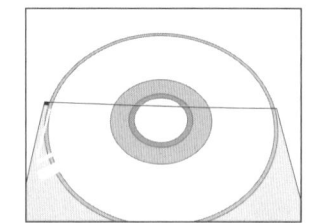

CDを取り出します。その際、
記録面にキズが付かないよう
にご注意ください。

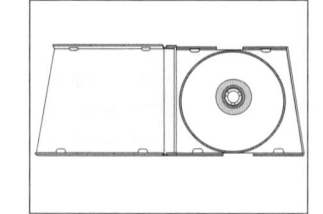

取り出したCDは、必ず専用の
ケースなどに入れて保管して
ください。
袋に入れて出し入れすると記
録面にキズがついて再生出来
なくなることがあります。

二胡で奏でる
PLAY ON THE ERFU
沖縄ちゅら唄
OKINAWA SONGS

二胡アレンジ・演奏: 武 楽群 (Wu Lequn)
ピアノ・アレンジ: 村山 祐季子 (Yukiko Murayama)
録音協力: 猪早 巧 (Takumi Inohaya)
レコーディング・エンジニア: 河野 利昭 (Studio Move 705)

写真撮影: 呉 方 (Eye-catcher Photo Studio)
楽譜浄書: 株式会社 ライトスタッフ
DTP: 服部政弘

制作協力
中国古典楽器アカデミー／蘭花堂／株式会社 優文／日本二胡振興会

発行人: 石川祐弘
発行所: ドリーム・ミュージック・ファクトリー株式会社
d-music.co.jp

印刷・製本: 恵友印刷 株式会社
発行日: 2025年3月30日 第1刷発行
ISBN978-4-86571-561-3
定価（本体2700円＋税）

JASRAC 出 2501572-501
（許諾番号の対象は当該出版物中、当協会が管諾することのできる著作物に限られます。）
NexTone PB000056002号